住まいの建築設計製図

今村仁美 著

学芸出版社

本書は2冊組！

1冊目：『住まいの建築計画』では、プランニングのノウハウを身につける！
2冊目（本書）：1冊目で完成したプランを図面に起こす！

1冊目でプランニングのノウハウを身につけ、2冊目では実際に図面を描いてかたちにします。
ぜひ、住宅の設計の流れをトータルで体験してみてください！

1冊目で完成したプランはコレ！

本書では
この「Plan_A」をもとに
図面（意匠図、構造図）を
描きます！

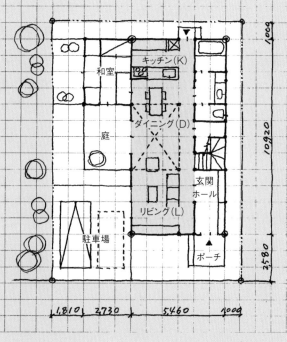

1階のプラン

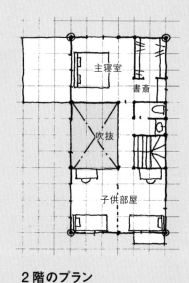

2階のプラン

外観のイメージ

Plan_A

LDKが見渡せるプラン

・LDKが見渡せるプランなので、家事をしていても家族の様子がうかがえる。

・ダイニング上部に大きな吹抜があり、1階と2階に一体感がある。

・2階の子供部屋の吹抜側を腰壁にすることで、キッチンやダイニングから子供部屋の様子をうかがえる。

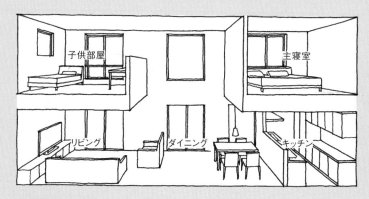

内観のイメージ

はじめに

思いのこもった素敵なプランを考えても、それをかたち（図面）にしなければ、建物を建てることはできません。

まず大切なのは、平面図や立面図、断面図の描き方を知ることです。また、そこに住む人が安全に過ごせるように住宅の構造も理解した上で、正確な図面を描かなければなりません。

しかし、はじめて建築を学ぶ学生のみなさんは、つい図面を描き写すことだけに集中してしまい、描き終えたとき、その図面の内容を理解できていないということが多く見受けられます。

本書では、薄く描かれた各図面の完成図をダウンロードして「なぞる」ことができます。全体像を見ながら、必要な部分を順に濃くなぞって図面を完成させる。そうすることで、線を描くことだけに集中するのではなく、線の意味を理解するための余裕が生まれます。そしてその余裕が、空間や部材の位置関係の把握につながり、図面を描き終えたときには、それらの図面を総合的に理解できるようになっているでしょう。

そして次は、みなさんが考えたプランで図面を描くことにも挑戦してみてください。

また、線を引くときにいつも意識しておきたいのは、図面とは、建物に関わる多くの人々が共通の理解のもとに空間をつくりあげるための資料だということです。

同じ内容の図面でも、見やすい図面もあれば、少しわかりにくい図面もあります。わかりにくい図面では、図面を見誤り、工事に支障をきたすかもしれません。そのためには、線の太さや種類の使い分けなども必要になります。

図面を描くときには、ぜひ、図面を見るすべての人にとって親切でわかりやすい図面を描くことを心がけてください。そして、本書がその手助けになれば幸いです。

2021年10月
著者

図面を描いてみましょう！

本書では、グレーで描いた図面を用意しています。
本書をめくりながら、1つ1つなぞっていくと図面が完成します。
製図道具はいりません。シャープペンシルを片手に、気楽になぞってみましょう。
難しく思われる構造図も、あっという間に描けます！

付録には鉄筋コンクリート造（RC造）の図面も！

鉄筋コンクリート造の建物の図面も用意しています。
ぜひ、こちらの図面にも挑戦してみてください。
ただし、「Plan_A」の住宅とは異なります。
（完成図のみで、図面を描く手順などの説明はありません）

順序に沿って
なぞってみよう！

意匠図-1

配置図兼1階平面図を
ダウンロード

ダウンロードできる図面は、このマークが目印！

下記専用ページにてパスワード「K92wmPdMs」を入力いただき、各図面をダウンロードください。
https://book.gakugei-pub.co.jp/gakugei-book/9784761532765/#tokuten

目　次

1 章

図面の種類と表現方法

建物を建てるためには、さまざまな図面が必要です。
図面の種類や役割を理解し、誰が見ても見誤ることのない、
正確で見やすい図面を描くことが大切です。

 1　図面のイメージ

 2　図面の種類

 3　線の使い分け

 4　建具の描き方

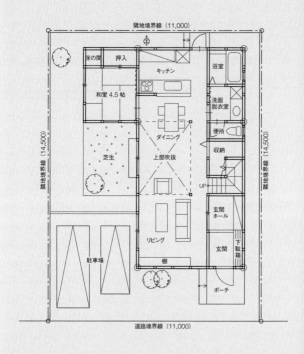

家具(断面ではない)：細線

壁(断面)：太線

棚

テーブル

窓ガラスの部分(断面)：中太線

窓枠の底面の部分(断面ではない)：細線

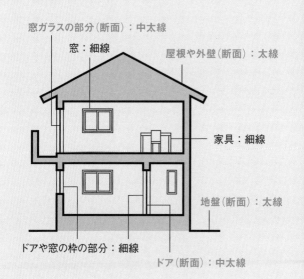

窓ガラスの部分(断面)：中太線

窓：細線

屋根や外壁(断面)：太線

家具：細線

地盤(断面)：太線

ドアや窓の枠の部分：細線

ドア(断面)：中太線

1 | 図面のイメージ

まずは、図面が建物のどの部分を表しているかを見てみましょう。

2階平面図

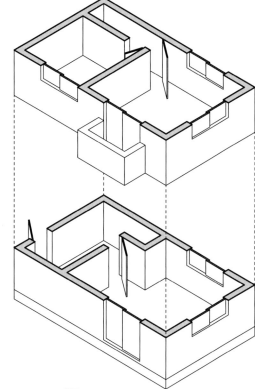

1階平面図

立面図

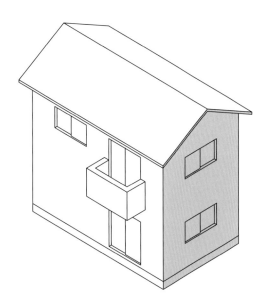

断面図

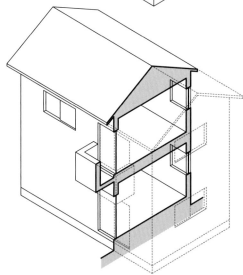

 縮尺と図面を描くときの大きさ

本文の図面は、一部を除き、縮尺 1/100 で描いています。
縮尺 1/100 で描くときの大きさを見てみましょう。

a. 1 モジュール (グリッド) が 910mm の場合、図面上では 9.1mm

b. 実際の寸法が幅 120mm の場合、図面上では幅 1.2mm

$$120mm \times \frac{1}{100} = 1.2mm$$

縮尺の表し方はいくつかあり、下はすべて同じ縮尺を表します。
縮尺 1/100　縮尺 1：100　S＝1/100　S＝1：100

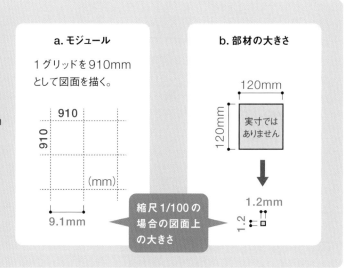

a. モジュール

1 グリッドを910mm
として図面を描く。

910

910

(mm)

9.1mm

b. 部材の大きさ

120mm

120mm

実寸では
ありません

1.2mm

1.2

縮尺 1/100 の
場合の図面上
の大きさ

2 | 図面の種類

図面にはさまざまな種類があります。
図面は、建物の形状や構造を表すだけでなく、見積りや役所への申請（確認申請）などにも使われます。

1. 意匠図（基本図面）　　▶ 図面の描き方は **2章** を参照

依頼主の要望や条件を整理し、プランを提案するための図面。
住宅などの図面は、縮尺 1/50、1/100 で描くことが多い。

a. 配置図

敷地の形状と建物の配置を表した図面。
1階平面図に配置図を合わせて描くことも多い。
（配置図兼1階平面図）

b. 平面図

建物の各階を水平に切りとり、上から見下ろした図面。
部屋の位置関係や大きさ、家具や設備のレイアウトなどを
見るもの。

平面図
（配置図兼1階平面図）

c. 屋根伏図

屋根を上から水平に見下ろした図面。
（屋根伏図の描き方は、p.51～52 のコラムで説明）

d. 立面図

建物各面の外観を表した図面。
建物の形状、窓の位置や大きさなどを見るもの。

立面図

e. 断面図

建物を垂直に切りとり、正面から見た図面。
建物全体や各階の高さ、天井高さや内部の様子などを
見るもの。

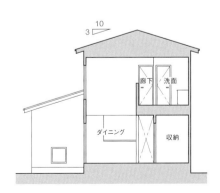

断面図
※上の図面の寸法線はすべて省略

2. 構造図　▶ 図面の描き方は **3章**を参照

建物の骨組みがわかるように、柱や梁などの部材の位置や
大きさを説明するための図面。

> 本書では「木造在来工法」を用いた住宅の図面の
> 描き方について、順を追って説明します。

a. 基礎伏図

建物の基礎を上から見下ろした図面。

b. 床伏図

建物の骨組みを水平に切りとり、上から見下ろした図面。
柱や梁の位置、床を構成する床組みの構造を見るもの。
1階床伏図、2階床伏図など。

c. 小屋伏図

屋根の骨組みを上から見下ろした図面。
屋根を構成する小屋組の構造を見るもの。

d. 軸組図

壁の骨組みを正面から見た図面。
壁を構成する軸組の構造を見るもの。

e. 矩計図

建物の一部を垂直方向に切りとり、正面から見た図面。
部材の大きさや間隔、仕上げ材の厚み、部材の納まり、
高さ関係などを、断面図よりも詳細に表したもの。

その他、展開図や詳細図、施工図などがある

展開図

室内の中央に立って、各面の壁を見た図面。
部屋ごとに各面の壁を順に描き並べる。

詳細図

各部の寸法、部材の納まりや材料の厚みなどを詳細に
表した図面。
平面詳細図、断面詳細図、部分詳細図など。

施工図

納まりが複雑な部分などについて、現場でどのように施工
するかを詳細に表した図面。
実寸(縮尺1/1)で描かれることもある。

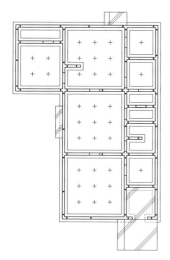

基礎伏図

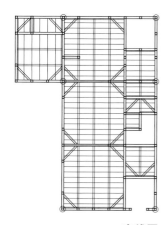

床伏図

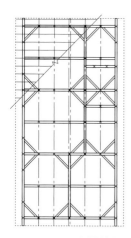

小屋伏図

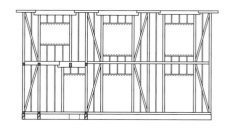

軸組図

※上の図面の寸法線や文字はすべて省略

3 線の使い分け

1. 図面と線の使い分け

一目見て理解できるように、**断面の部分は太く**、その他の部分は**細く**など、線の太さの使い分けが必要です。
図面ではどのように線の太さを使い分けるのかを見てみましょう。

a. 平面図

家具（断面ではない）：細線
壁（断面）：太線
棚
テーブル
窓ガラスの部分（断面）：中太線
窓枠の底面の部分（断面ではない）：細線

b. 断面図

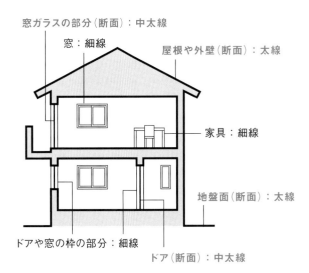

窓ガラスの部分（断面）：中太線
窓：細線
屋根や外壁（断面）：太線
家具：細線
地盤面（断面）：太線
ドアや窓の枠の部分：細線
ドア（断面）：中太線

c. 立面図

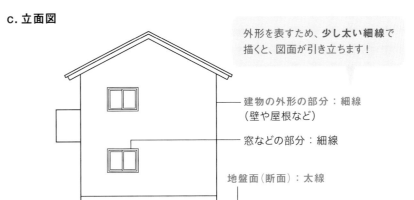

外形を表すため、**少し太い細線**で描くと、図面が引き立ちます！

建物の外形の部分：細線
（壁や屋根など）
窓などの部分：細線
地盤面（断面）：太線

 くっきりとした線を描くには？

 定規を使って線を引くときは、シャープペンシルを回しながら線を引く！

芯が紙にしっかり沈み込み、図面が定規などでこすれて黒く汚れることも防ぎます。

2. 線の種類

いずれの線（薄線を除く）も、くっきり描くことで、図面がきれいに見え、一目で見てわかる立体感のある図面が描けます。

太線	———	断面の部分（構造の部分）	平面図の柱や壁、断面図の断面の部分など
中太線	———	断面の部分（構造でない部分）	窓のガラスやドアの断面の部分など
細線	———	断面でない部分	階段、設備（キッチン、洗面、トイレなど）、家具、畳など
極細線	———	説明のための線	吹抜を表す一点鎖線、収納などを表す斜線、屋根のテクスチャーなど
薄線	———	下描き線	壁の厚さなどを、太線で描く前に下描き線として描いておくもの

3章の構造図の線

構造材は断面でなくても建物にとって重要な部材のため、**中太線（少し太い細線）** で描きます。

下描き線

図面が完成したときに見えない程度の薄さで描くと、図面がきれいに仕上がります！

一点鎖線	—— - —— - ——	壁の中心線、吹抜部分など
二点鎖線	—— -- —— -- ——	隣地境界線など
点線	- - - - - - -	引き戸の引き込み部分、将来的に設置予定の壁など

建具の種類によって図面の描き方が異なります。平面図や立面図などでの描き方の違いを見てみましょう。

1. 引き違いの基本的な描き方

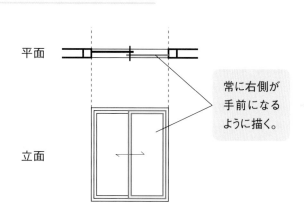

平面

立面

常に右側が
手前になる
ように描く。

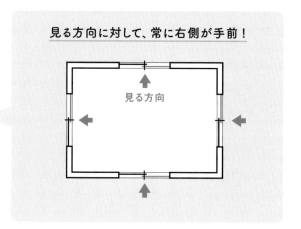

見る方向に対して、常に右側が手前！

見る方向

2. その他の建具と描き方

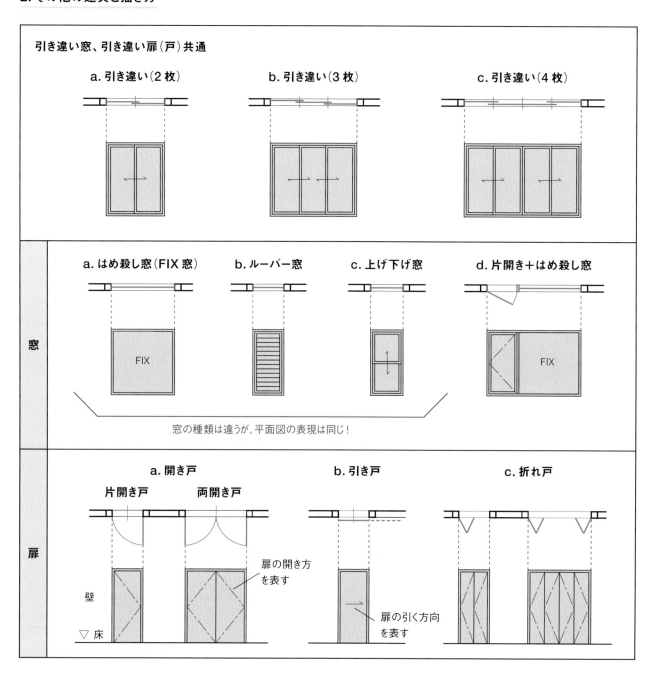

引き違い窓、引き違い扉（戸）共通

a. 引き違い（2枚）　　　**b. 引き違い（3枚）**　　　**c. 引き違い（4枚）**

窓

a. はめ殺し窓（FIX窓）　　**b. ルーバー窓**　　**c. 上げ下げ窓**　　**d. 片開き＋はめ殺し窓**

FIX

FIX

窓の種類は違うが、平面図の表現は同じ！

扉

a. 開き戸　　　　　　　**b. 引き戸**　　　　　　　**c. 折れ戸**

片開き戸　　　両開き戸

扉の開き方
を表す

壁

▽ 床

扉の引く方向
を表す

2 章

意匠図を描いてみよう！

プランが固まれば、いよいよ図面です。
図面の表現方法や描き方の手順などを確認しながら
描き進めましょう。

 1 完成図を見る

 2 平面図を描く

(1)配置図兼1階平面図
(2)2階平面図

 3 立面図を描く

(1)南立面図
(2)西立面図

 4 断面図を描く

(1)A-A′断面図
(2)B-B′断面図

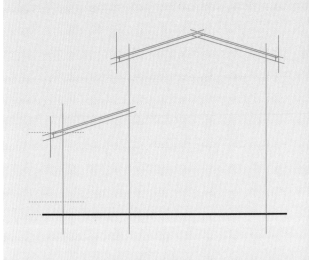

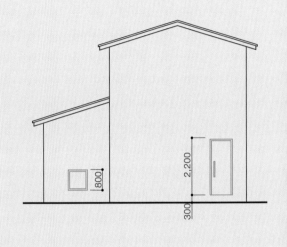

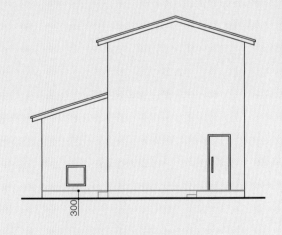

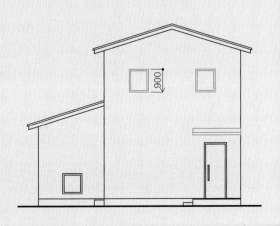

 完成図を見る

これから描こうとする意匠図です。
まずは、意匠図にはどのような種類があり、それがどのような図面なのかを見ることから始めましょう!
全体のイメージをつかむことが大切です!
部材の役割や図面の描き方は、p.16 から 1 つ 1 つ順を追って解説します。

① 平面図

配置図兼 1 階平面図の描き方は、p.16〜26

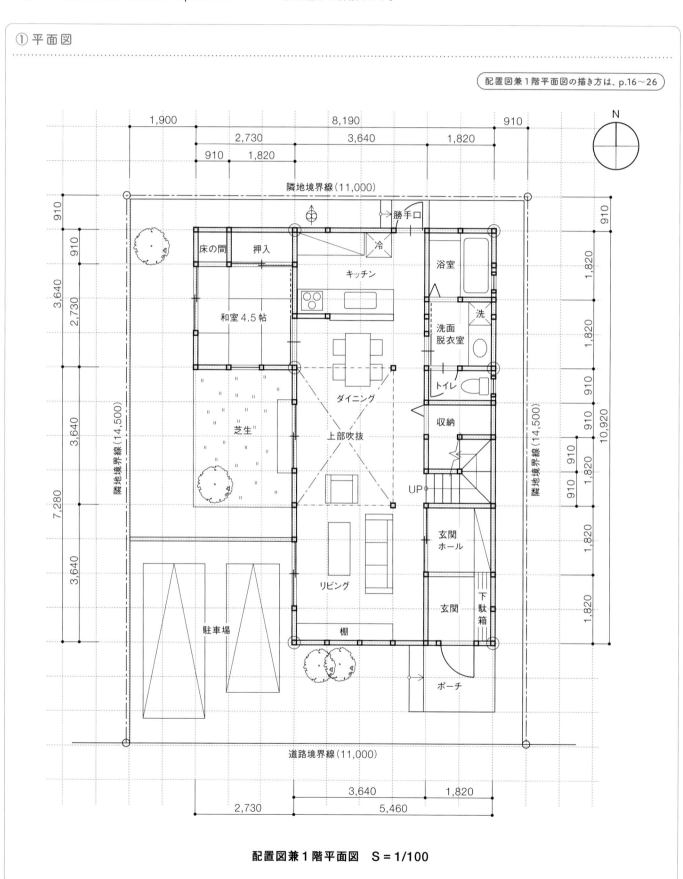

配置図兼 1 階平面図　S＝1/100

①平面図

2階平面図の描き方は、p.28〜34

455

8,190

2,730　　　　5,460

3,640　　1,820

455

3,640

2,275

3,640

主寝室

WCL

書斎

455

1,365

910

910

トイレ

吹抜

洗面
コーナー

手すりFL+1,100

910

手すり（腰壁）
FL+1,100

1,820

3,640

3,640

10,920

将来壁増設予定

3,640

子供部屋

子供部屋

3,640

2,730　　　　2,730

※ WCL：ウォークインクローゼット

2階平面図　S = 1/100

② 立面図

立面図の描き方は、p.35〜50

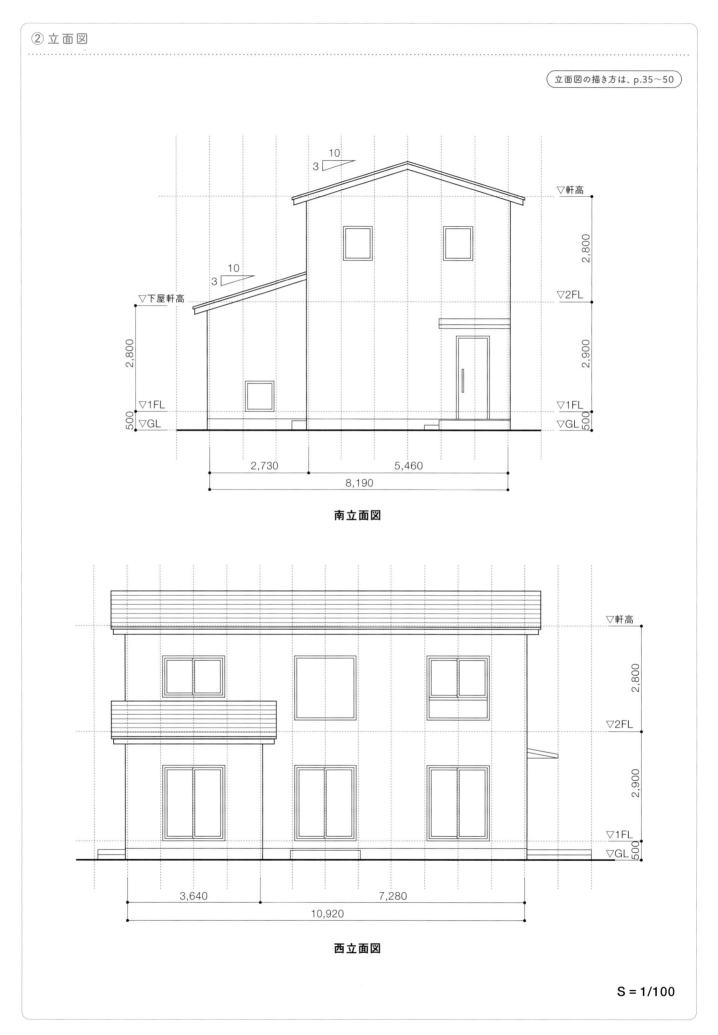

南立面図

西立面図

S = 1/100

③断面図

断面図の描き方は、p.53〜67

A-A′断面図

B-B′断面図

S = 1/100

(1) 配置図兼1階平面図

1階平面図は、建物の1階部分を水平に切りとり見下ろした図面です。
配置図兼1階平面図では、敷地の形状や大きさ、外構（庭や駐車場など）も描きます。

これから、下の完成図を順を追って描き進めます。
切断面の壁や柱を**太線**（柱は最も太く）、それ以外は**細線**で描きます。
作図を始める前に、線の太さの違いにも注意して下の完成図を見てみましょう。

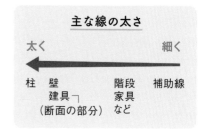

主な線の太さ

太く ←———————————— 細く

| 柱 | 壁 建具┐（断面の部分） | | 階段 家具 など | 補助線 |

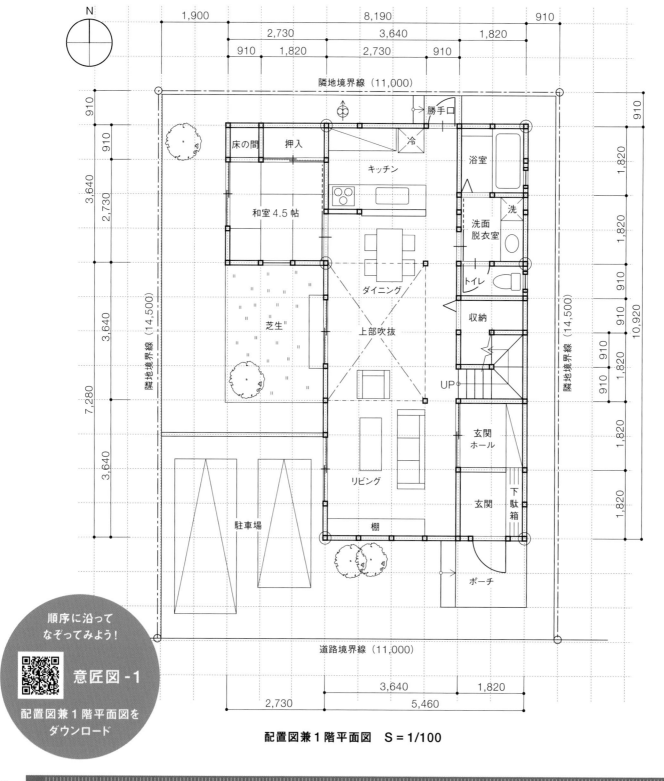

配置図兼1階平面図　S＝1/100

① 隣地境界線・道路境界線

✐1 ... 敷地の大きさと形状を確認し、基準となるポイントから境界線を描く。

> 一般的に平面図は、プランニング図(p.2)をもとに描きますが、本書では、
> 完成図(前ページ)を参考に描き進めます。

✐2 ... 敷地のコーナー(境界点)に ○ を描く。

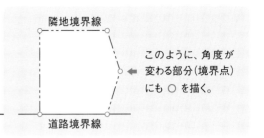

隣地境界線

道路境界線

このように、角度が
変わる部分(境界点)
にも ○ を描く。

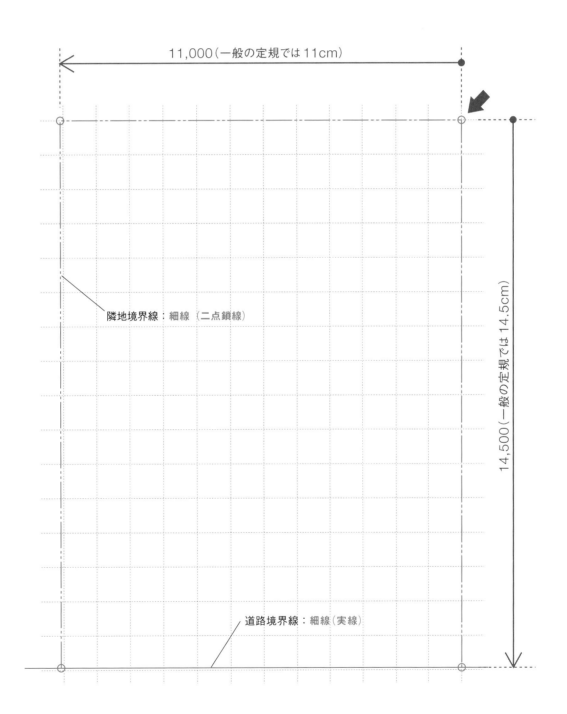

11,000(一般の定規では11cm)

隣地境界線:細線(二点鎖線)

14,500(一般の定規では14.5cm)

道路境界線:細線(実線)

（1）配置図兼1階平面図

② 壁の中心線

✏ ...1階の壁の位置を確認し、壁の中心線を描く。

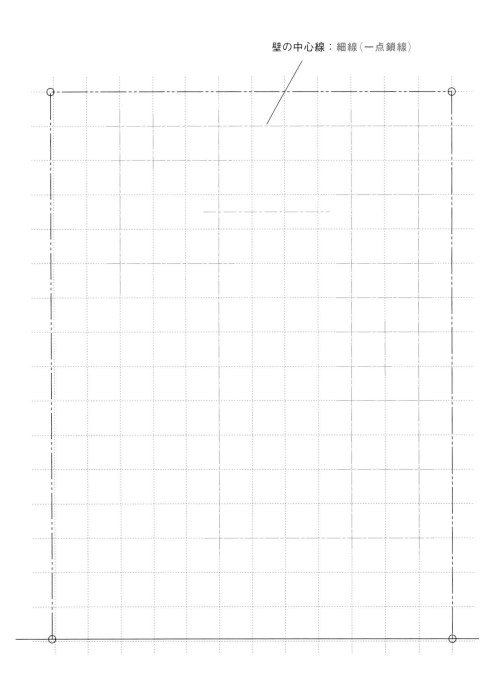

壁の中心線：細線（一点鎖線）

③ 壁の下描き線

✎ ... 壁の下描き線を、中心線から両側に 120mm 程度の厚さで描く。

・ 実際の壁厚は外壁と内壁で異なるが、縮尺が 1/100、1/200 程度の
図面を描く場合には、外壁、内壁ともに同じ厚さで描く。

下描き線

図面が完成したときに
見えない程度の薄さで
描くと、図面がきれいに
仕上がります！

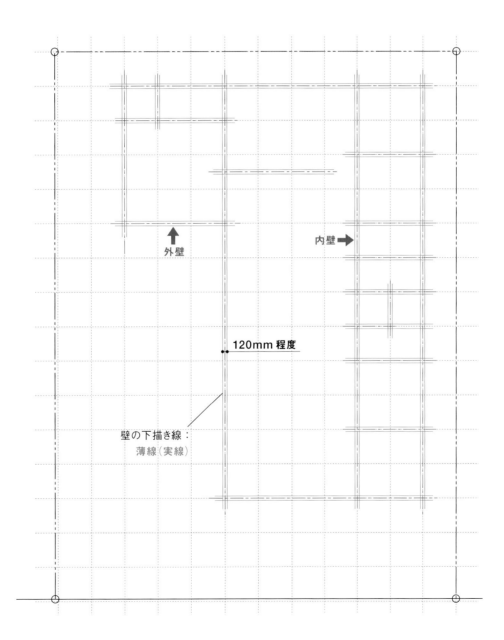

外壁

内壁➡

120mm 程度

壁の下描き線：
薄線（実線）

(1)配置図兼1階平面図

④ 柱

✎ ... 1階の柱の位置を確認し、柱を描く。

- 柱は構造材であり、しかも断面を表すため、壁（次ページ）よりもさらに太い線で描く。

通し柱と管柱の違いは？

a. 通し柱 ： 1階から2階まで1本の材で通した柱
b. 管柱 ： 各階ごとに設ける柱

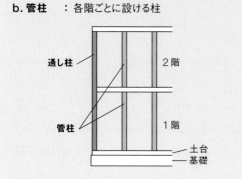

柱を配置する主な部分

a. 建物のコーナー部分など（通し柱）
b. 壁が交差する部分
c. 建具（窓や扉）の両側
d. 壁が長い場合は1,820mm以内の間隔で配置

> 詳しくは、別冊『住まいの建築計画』「②柱を配置する」(p.90)を参照。

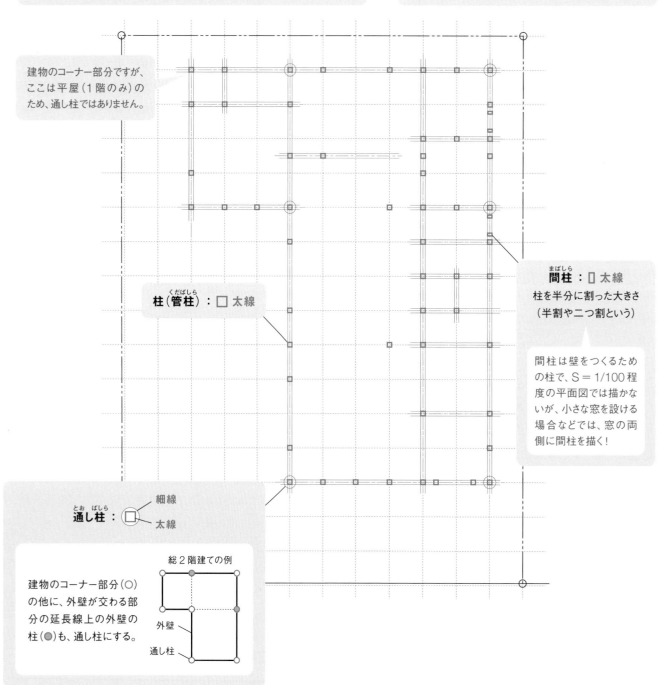

建物のコーナー部分ですが、ここは平屋（1階のみ）のため、通し柱ではありません。

柱（管柱）：□ 太線

間柱：□ 太線
柱を半分に割った大きさ
（半割や二つ割という）

間柱は壁をつくるための柱で、S＝1/100程度の平面図では描かないが、小さな窓を設ける場合などでは、窓の両側に間柱を描く！

通し柱： □ ─ 細線
　　　　　　 ─ 太線

建物のコーナー部分（○）の他に、外壁が交わる部分の延長線上の外壁の柱（◉）も、通し柱にする。

総2階建ての例

外壁
通し柱

⑤ 壁

✏ ... 壁の下描き線に沿って、建具（窓、扉）以外の部分の壁を仕上げる。

壁：太線（実線）

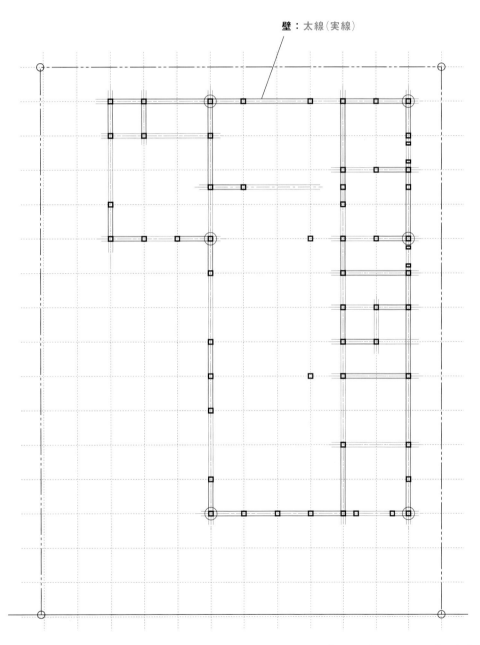

※以降、中心線と壁の下描き線は省略

(1) 配置図兼1階平面図

⑥ 建具

✎ ... 右を参考に、それぞれの建具を描く。

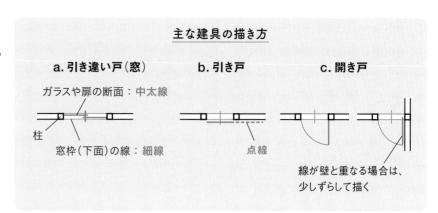

主な建具の描き方

a. 引き違い戸(窓)

ガラスや扉の断面:中太線

柱

窓枠(下面)の線:細線

b. 引き戸

点線

c. 開き戸

線が壁と重なる場合は、少しずらして描く

⑦ 玄関框・床框
(げんかんがまち)(とこがまち)

✎ ... 壁と同じ幅で、玄関框と床框を描く。

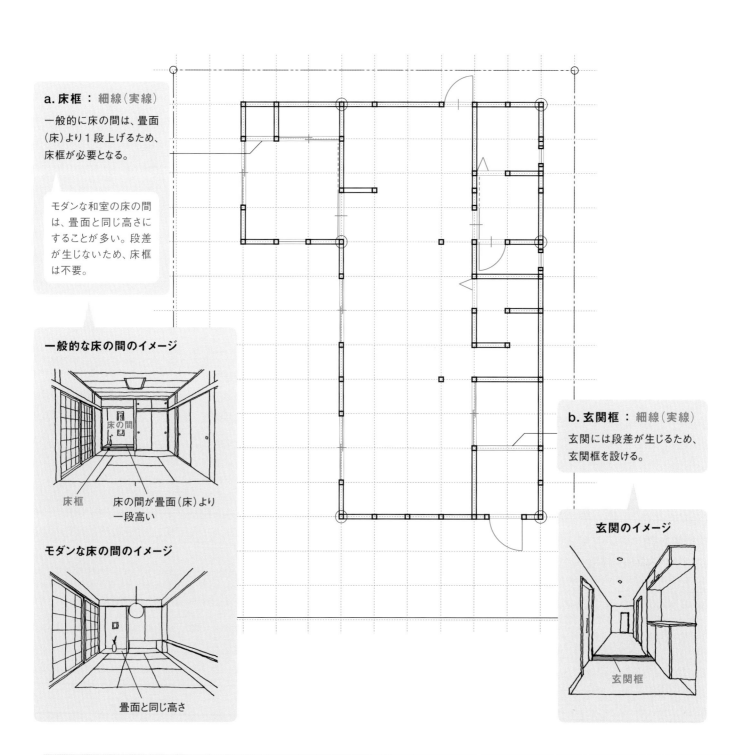

a. 床框:細線(実線)

一般的に床の間は、畳面(床)より1段上げるため、床框が必要となる。

モダンな和室の床の間は、畳面と同じ高さにすることが多い。段差が生じないため、床框は不要。

一般的な床の間のイメージ

床の間

床框　床の間が畳面(床)より一段高い

モダンな床の間のイメージ

畳面と同じ高さ

b. 玄関框:細線(実線)

玄関には段差が生じるため、玄関框を設ける。

玄関のイメージ

玄関框

⑧ 階段・設備・家具・吹抜

✐1 ... 階段、設備、家具を描く。

・**設備**：キッチン（流し台など）、洗面台、浴槽、便器など

✐2 ... 2階平面図を見て、吹抜の位置を確認し、吹抜を描く。

a. 階段

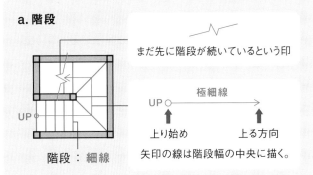

まだ先に階段が続いているという印

UP ○────極細線────→

上り始め　上る方向

矢印の線は階段幅の中央に描く。

階段：細線

b. 換気扇 ： 細線

キッチンの排気の位置を示す記号
矢印は排気の方向を示す。

壁：太線（実線）

c. 畳 ： 細線

グリットに沿って描く。

畳の敷き方は、別冊
『住まいの建築計
画』「2.畳の敷き方」(p.
59)を参照。

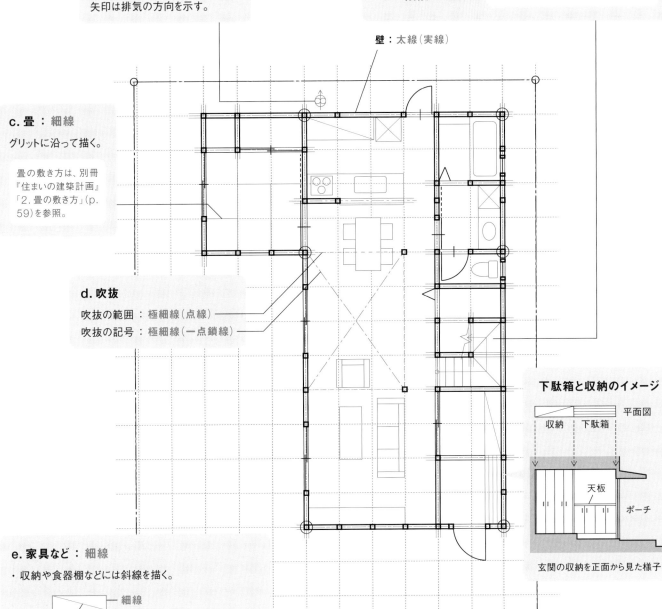

d. 吹抜

吹抜の範囲：極細線（点線）
吹抜の記号：極細線（一点鎖線）

下駄箱と収納のイメージ

収納　下駄箱　平面図

天板

収納　　ポーチ

玄関の収納を正面から見た様子

e. 家具など ： 細線

・収納や食器棚などには斜線を描く。

細線
極細線

・冷蔵庫は右のように描く。 ⊠

・キッチンやダイニングテーブル、
ソファなど。

細線

（1）配置図兼1階平面図

⑨ 外構

✎ ... 外構を描く。

- **外構**：ポーチ、勝手口、駐車場、庭、植栽など

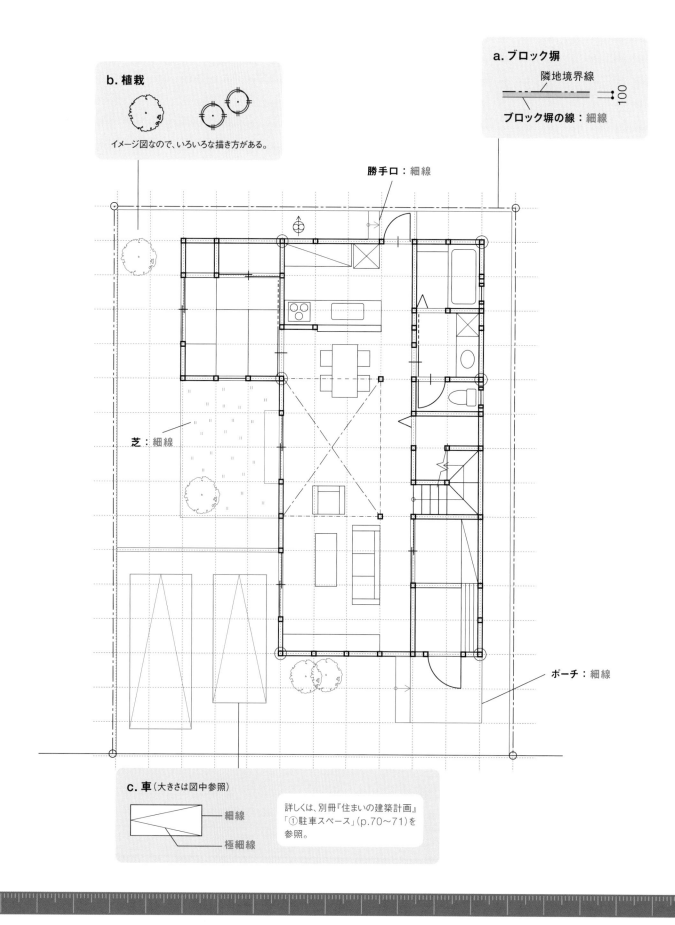

b. 植栽

イメージ図なので、いろいろな描き方がある。

a. ブロック塀

隣地境界線

100

ブロック塀の線：細線

勝手口：細線

芝：細線

ポーチ：細線

c. 車（大きさは図中参照）

── 細線

── 極細線

詳しくは、別冊『住まいの建築計画』
「①駐車スペース」(p.70～71)を
参照。

⑩ 文字・寸法線

✎... 右を参考に、文字や寸法線を描く。

いろいろな寸法線の描き方

など

配置図兼1階平面図に必要な文字や寸法線

a. 文字
- ・部屋名
- ・吹抜(上部に吹抜があることの説明)
- ・外構(駐車場、庭など)
- ・隣地境界線、道路境界線　など

b. 寸法線
- ・部屋の大きさがわかる寸法線
- ・建物の外形がわかる寸法線
- ・隣地境界、道路境界の寸法　など

「寸法線は何のため?」(p.27)を参照。

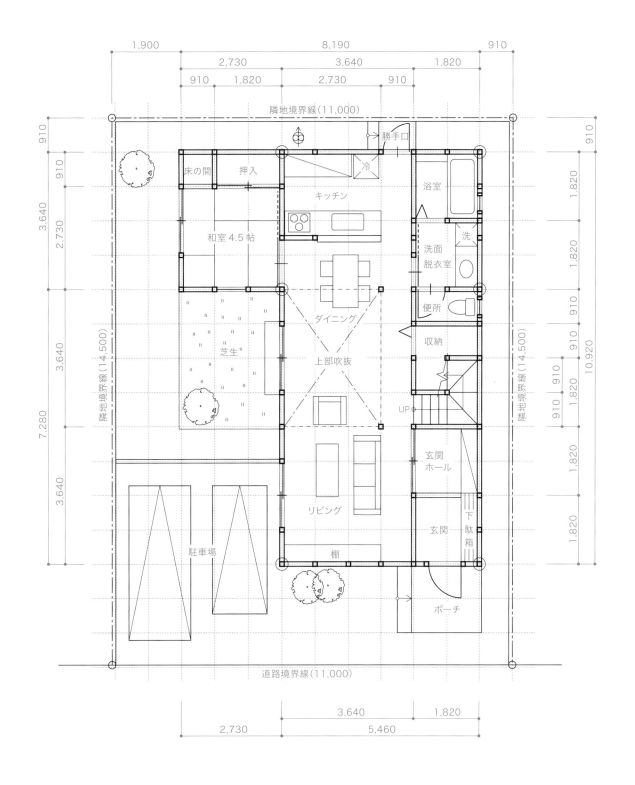

（1）配置図兼1階平面図

⑪方位－完成

✎... 建物の向きがわかるように、方位を描く。

いろいろな方位の描き方

など

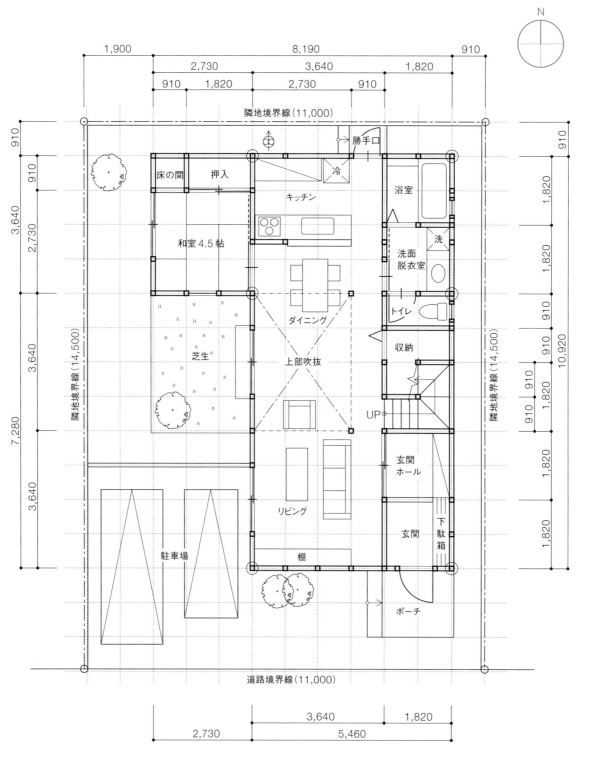

配置図兼1階平面図　S＝1/100

📐 寸法線は何のため？

寸法線は、それぞれの部屋の大きさ、建物全体の大きさと形状を表すことが目的です。
知りたい部屋の大きさなどが一目でわかるように寸法線を描きましょう。
また、各階の床面積や延べ面積なども、これらの寸法線を用いて求めます。

1. それぞれの部屋の大きさを表す

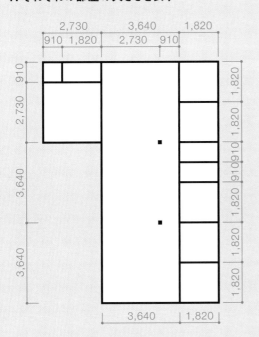

2. 建物全体の大きさと形状を表す

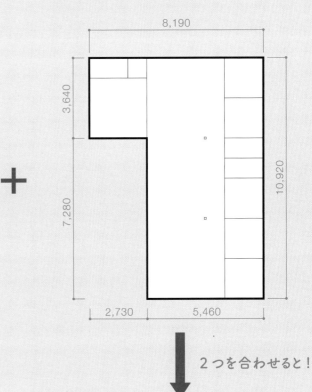

＋

２つを合わせると！

敷地に対する建物の位置

配置図には、敷地に対して建物をどの位置に建てるのかがわかるように、**敷地の境界点からの距離**も必要です。（一般的には２カ所の距離を示す）

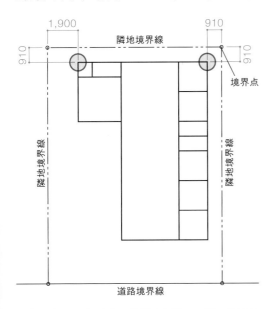

２点が決まれば、建物の基準点と壁の一辺の位置が確定します。それらを基準にして建て進めます。
（どの２点にするかは、敷地の状況によって決める）

3. 寸法線の完成！

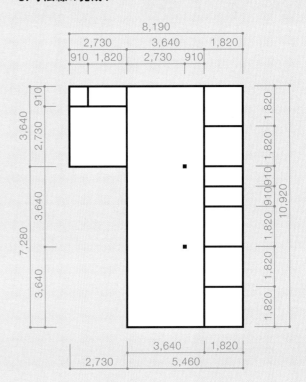

（2）2階平面図

2階平面図は、建物の2階部分を水平に切りとり見下ろした図面です。

これから、下の完成図を順を追って描き進めます。
切断面の壁や柱を**太線**（柱は最も太く）、それ以外は**細線**で描きます。
作図を始める前に、線の太さの違いにも注意して下の完成図を見てみましょう。

主な線の太さ

太く　　　　　　　　　　　　細く

柱	壁	階段	補助線
	建具	家具	
	（断面の部分）	など	

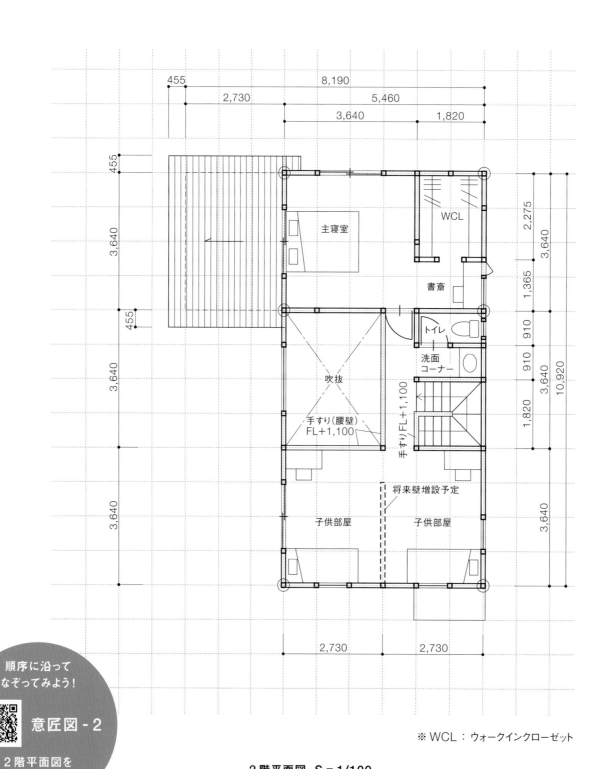

※ WCL：ウォークインクローゼット

2階平面図　S＝1/100

① 壁の中心線

✏ … 2 階の壁の位置を確認し、壁の中心線を描く。

② 壁の下描き線

✏ … 壁の下描き線を、中心線から両側に 120mm 程度の
厚さで描く。

③ 柱

✏ … 2 階の柱の位置を確認し、柱を描く。

> 2 階平面図では、線の太さの説明を省略します。
> 1 階平面図の描き方を参考に、線の太さを考
> えながら描いてみましょう。
> ただし、線の太さばかりを気にするよりも、内容
> を理解することが大切です。
> しっかり理解しながら、1 つ 1 つ描き進めましょう！

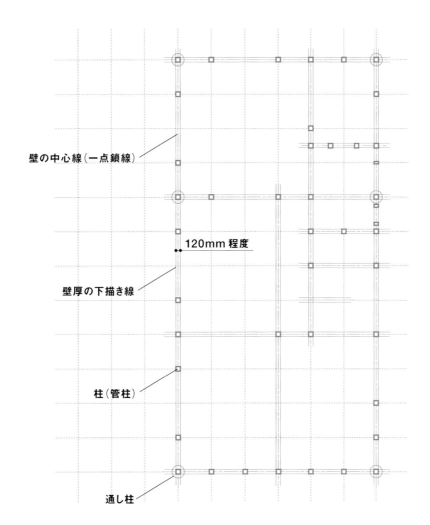

壁の中心線（一点鎖線）

120mm 程度

壁厚の下描き線

柱（管柱）

通し柱

（2）2階平面図

④ 壁

✐… 壁の下描き線に沿って、建具（窓、扉）以外の部分の壁を仕上げる。

⑤ 建具

✐…「主な建具の描き方」（p.22 右上図）を参考に、建具を描く。

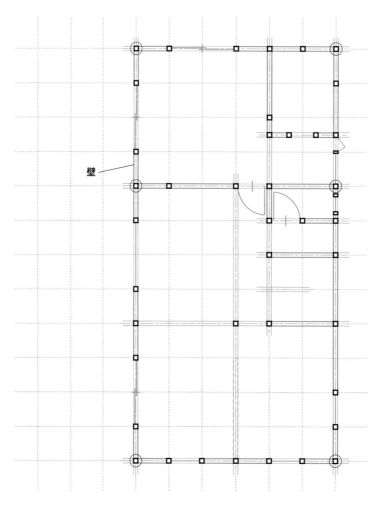

壁

※以降、中心線は省略

⑥ 手すり（腰壁）・吹抜

✎1 ... 下描き線に沿って、手すり（腰壁）を仕上げる。

✎2 ... 吹抜を描く。

⑦ 階段・設備・家具

✎ ... 階段、設備、家具を描く。

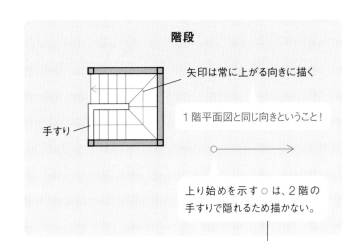

階段

矢印は常に上がる向きに描く

手すり

1 階平面図と同じ向きということ!

上り始めを示す ○ は、2 階の
手すりで隠れるため描かない。

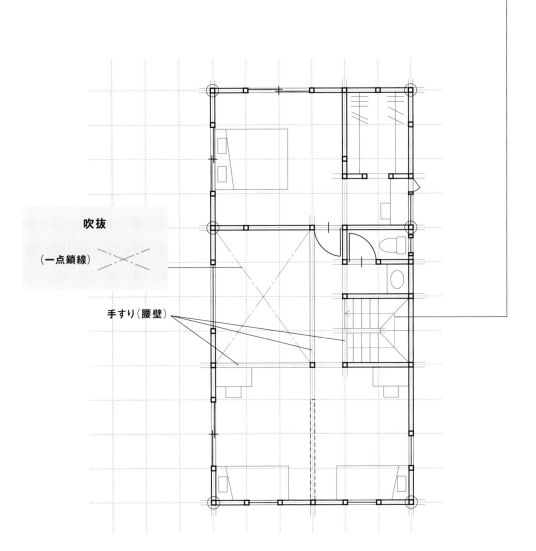

吹抜

（一点鎖線）

手すり（腰壁）

（2）2階平面図

⑧1階の屋根（下屋^{げ や}）・玄関庇^{げんかんびさし}

✎1 ... 下屋を描く。（下屋の描き方は、次ページ参照）

✎2 ... 玄関庇を描く。

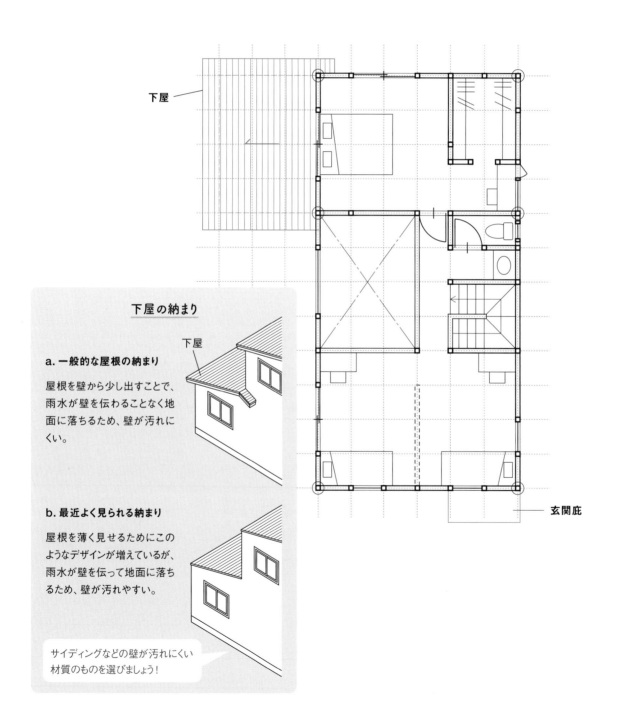

下屋

下屋の納まり

下屋

a. 一般的な屋根の納まり

屋根を壁から少し出すことで、
雨水が壁を伝わることなく地
面に落ちるため、壁が汚れに
くい。

b. 最近よく見られる納まり

屋根を薄く見せるためにこの
ようなデザインが増えているが、
雨水が壁を伝って地面に落ち
るため、壁が汚れやすい。

サイディングなどの壁が汚れにくい
材質のものを選びましょう！

玄関庇

下屋の描き方

✏ 1 ... **1 階の壁の中心線**を描く。

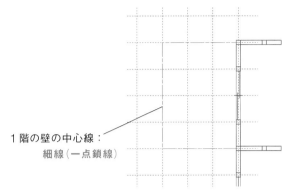

1 階の壁の中心線：
細線（一点鎖線）

✏ 2 ... **屋根（下屋）の外形線と棟の線**を描く。

- **屋根の外形線**を描く。
  外壁の中心線から外側に 455mm 出たところに、
  屋根の外形線を描く。

- **棟の線**を描く。
  棟（屋根の頂部）を 2 本線で描く。

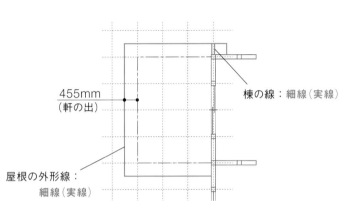

455mm
（軒の出）

棟の線：細線（実線）

屋根の外形線：
細線（実線）

✏ 3 ... **屋根のテクスチャーと水勾配の矢印**を描く。

- **屋根のテクスチャー**を屋根の材料に応じて描く。
  （屋根の材料によって、線の向きなどが異なる（p.50 参照））

- **水勾配の矢印**を、水の流れる向きに描く。

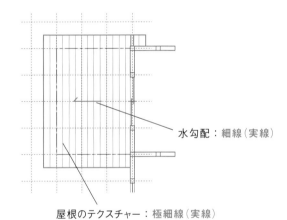

水勾配：細線（実線）

屋根のテクスチャー：極細線（実線）

矢印の向きの違いに注意！

階段の矢印　：上る方向
水勾配の矢印：下る方向

切妻屋根の場合

切妻屋根は、下のように描く。

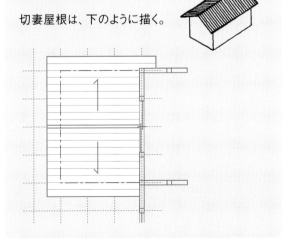

📐 下屋がある場合は 2 階の窓の高さに注意！

1 階の平面形状や屋根の勾配に応じて、下屋が取り付く部分では、2 階の窓の高さを調整します。

（2）2 階平面図

⑨ 文字・寸法線 － 完成

✐ ... 右を参考に、文字や寸法線を描く。

2 階平面図に必要な文字や寸法線

a. 文字
- 部屋名
- 吹抜
- 手すりと手すりの高さ　など

b. 寸法線
- 部屋の大きさがわかる寸法線
- 建物の外形がわかる寸法線
- 下屋の軒の出などがわかる寸法線　など

「寸法線は何のため?」(p.27)を参照。

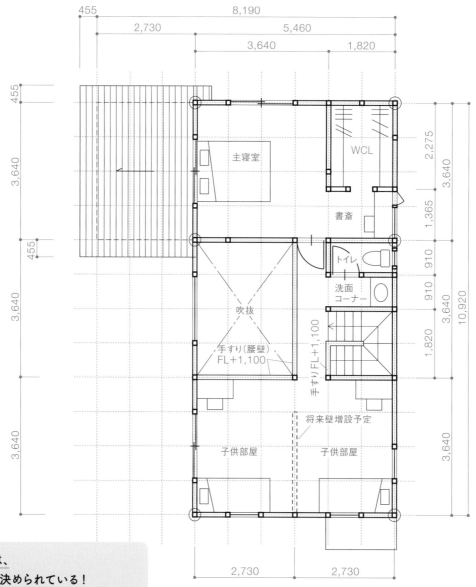

2 階平面図　S＝1/100

※ WCL：ウォークインクローゼット

手すりの高さは、建築基準法で決められている！

転落防止のため、床からの高さは 1,100mm 以上とする。

FL ＋ 1,100mm

フロアライン（床面）から上に向かって 1,100mm の高さを表す。

3 立面図を描く

(1) 南立面図

南立面図は、南側から建物を正面に見た図面です。
建物の外観がどのように見えるのかをイメージしましょう。

これから、下の完成図を順を追って描き進めます。
地盤面(GL)は**太線**、それ以外を**細線**で描きます。
作図を始める前に、線の太さの違いにも注意して
見てみましょう。

参考図面
下の図面を参考に
南立面図を描きます。
・1階平面図
・2階平面図

屋根が壁から出ている部分

切妻屋根の場合
屋根が水平に見える側(平側):**軒の出**
屋根が斜めに見える側(妻側):**けらばの出**

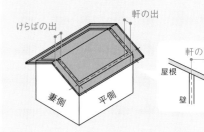

建物の外形線
建物の外形を表すため、**少し太い細線で**
描くと、図面が引き立ちます。

南立面図 S=1/100

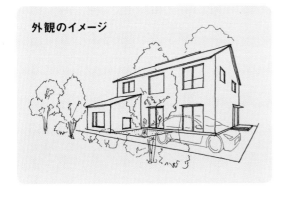
外観のイメージ

**順序に沿って
なぞってみよう!**

意匠図-3

南立面図を
ダウンロード

(1) 南立面図

① 下描き線など

✎1 … GL（グランドライン）を描く。

✎2 … 平面図を見て、外壁の下描き線を描く。

✎3 … 屋根の下描き線を描く。（次ページ参照）

下描き線
図面が完成したときに見えない程度の薄さで描くと、図面がきれいに仕上がります！

📐 効率よく立面図を描くには？

・描こうとする立面図の**上**に**平面図を置く**と、建物の幅や窓の幅が一目でわかる！

・描こうとする立面図の**横**に高さ関係がわかる**断面図（一部）を置く**と、各階の高さや窓の高さがなどが一目でわかる！

建物の仕様の一部を断面図で表したもの。
一般的に、これらの寸法を決めてから立面図や断面図を描きます。

外壁の線は、壁の中心線ではなく、壁の外側！

和室 4.5 帖

ダイニング

トイレ

収納

上部吹抜

UP

1 階

リビング

玄関ホール

玄関

ポーチ

軒の出（屋根の先端）の線

次ページ参照 1

次ページ参照 2

10
3

屋根

軒の出
455

軒高

天井高 2,400
窓の上端 2,000
2,800

▽下屋軒高

10
3

下屋

外壁

▽2FL

天井高 2,400
窓の上端 2,000
2,900

2,800

GL

▽1FL
500 ▽GL

▽1FL
▽GL
500

　　　　　南立面図　S＝1/100

📐 勾配屋根の線はどこからどのように描くの?

勾配屋根を描くときに、どこを基準にして、どのように描き進めればよいかを悩むことがあります。
実際に用いる部材の大きさなどによって寸法が異なる場合もありますが、一般的に、意匠図では下のように描き進めます。

1. 屋根の下描き線を描く手順

① 壁の中心線と軒高の交点から100mm程度上がったところを基準点とする。

② 基準点から、屋根の勾配に応じて線を引く。（このプランの勾配は3/10）

③ 屋根の厚みの線を、②の線に対して平行に、250mm程度下がったところに引く。

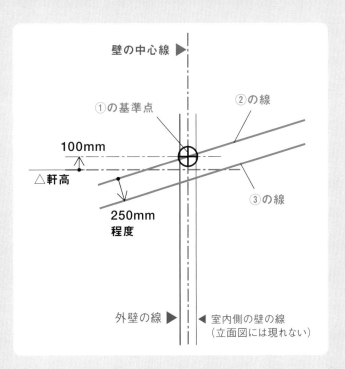

2. 屋根の勾配

屋根の勾配（角度）は下のように表す。

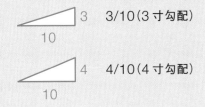

3　3/10（3寸勾配）
10

4　4/10（4寸勾配）
10

屋根の勾配は建物のイメージに大きく関わります。立面図を描いて確認しますが、模型をつくって建物全体のイメージを確かめることもあります。

屋根葺き材と勾配

屋根葺き材によって必要な勾配が異なる。

瓦　　　：4/10〜7/10
スレート：3/10〜7/10
金属　　：0.5/10〜　　　　など

金属屋根は、雨漏りのおそれが少ないため、水平に近い勾配でも可能ということ！

勾配の線の描き方

例）3/10（3寸勾配）の場合

① 水平に10mm
1　10mm　2

② 垂直に3mm
3　3mm
1　　2

③ 1と3の点をつなぐ
3
1　　2

これが3/10勾配の線！

勾配の線をより正確に描くためには、描ける範囲で、できるだけ大きな三角形を描く！
例）水平に50mm ⇒ 垂直に15mm
　　水平に10cm ⇒ 垂直に3cm　など

（1）南立面図

② 外壁と屋根の仕上げ

✏ ... 下描き線に沿って、建物の外形を仕上げる。

> 立面図と断面図の線の太さは、「1. 図面と線の使い分け」（p.9）で確認しましょう。
> ただし、線の太さばかりを気にするよりも、内容を理解することが大切です。
> しっかり確認しながら、1つ1つ描き進めましょう！

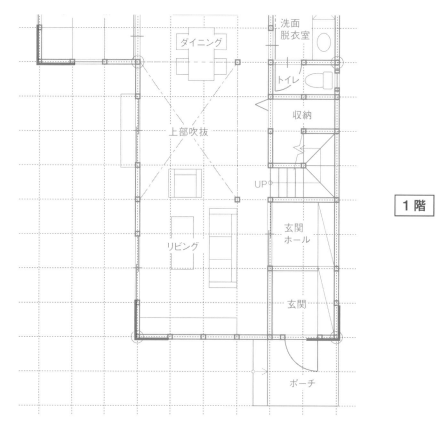

1階

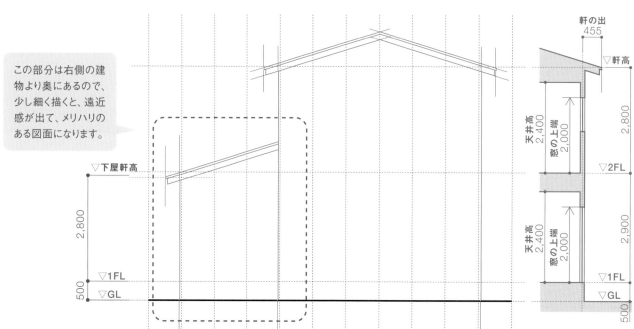

> この部分は右側の建物より奥にあるので、少し細く描くと、遠近感が出て、メリハリのある図面になります。

▽下屋軒高

2,800

▽1FL
▽GL
500

軒の出
455

▽軒高

天井高 2,400
窓の上端 2,000

2,800

▽2FL

天井高 2,400
窓の上端 2,000

2,900

▽1FL
▽GL
500

③1階の窓・玄関扉

✎... 1階平面図と同じ位置になるように、和室の窓と玄関扉を描く。

・和室の窓と玄関扉の取付け高さは、左下図を参照。

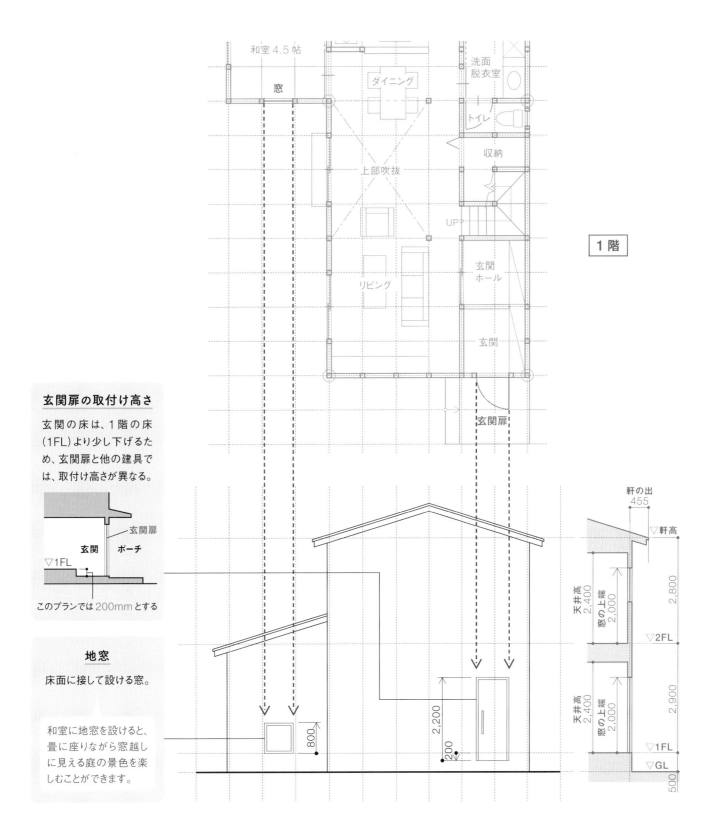

玄関扉の取付け高さ

玄関の床は、1階の床（1FL）より少し下げるため、玄関扉と他の建具では、取付け高さが異なる。

このプランでは**200mm**とする

地窓

床面に接して設ける窓。

和室に地窓を設けると、畳に座りながら窓越しに見える庭の景色を楽しむことができます。

(1) 南立面図

④ 基礎

✎ ... GL（グランドライン）から300mm上がったところに、基礎天端の線を描く。

⑤ ポーチ・踏み台

✎ ... 1階平面図と同じ位置になるように、ポーチと踏み台を描く。

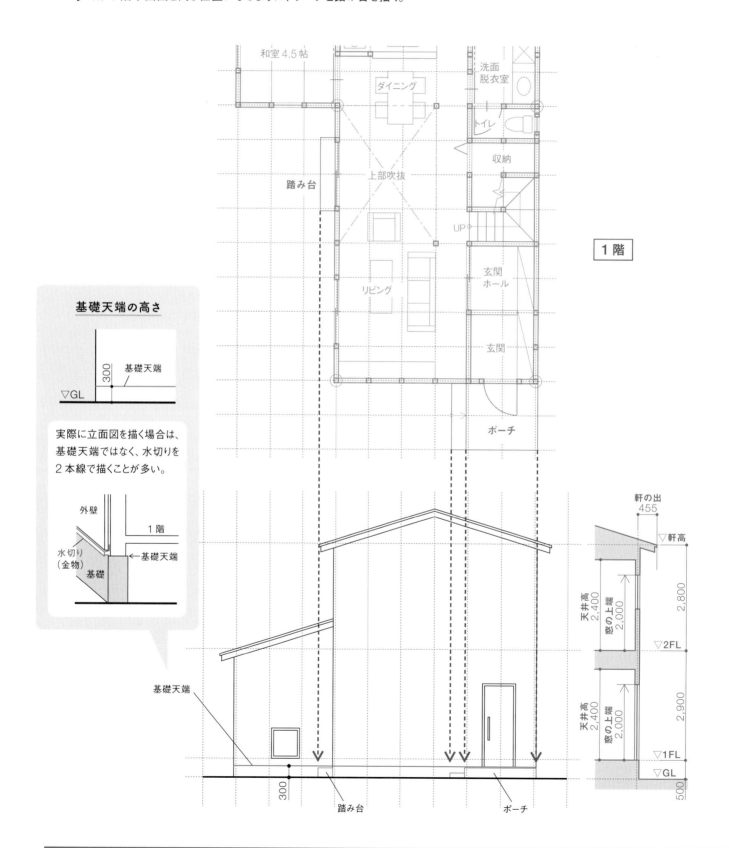

基礎天端の高さ

300　基礎天端

▽GL

実際に立面図を描く場合は、基礎天端ではなく、水切りを2本線で描くことが多い。

外壁
1階
水切り（金物）
基礎
← 基礎天端

和室4.5帖
ダイニング
洗面脱衣室
トイレ
収納
踏み台
上部吹抜
UP
玄関ホール
リビング
玄関
ポーチ

1階

基礎天端
300
踏み台
ポーチ

軒の出 455
▽軒高
天井高 2,400
窓の上端 2,000
2,800
▽2FL
天井高 2,400
窓の上端 2,000
2,900
▽1FL
▽GL
500

⑥ 2階の窓

✎ ... 2階平面図と同じ位置になるように、窓を描く。

・一般的に、窓の上端を揃えるため、窓の大きさは上端から下に高さを測って描く。

・窓の描き方は「4 建具の描き方」(p.10)を参照。

⑦ 玄関庇

✎ ... 2階平面図と同じ位置になるように、玄関庇を描く。

・庇の高さは、建物のデザインにも関わるため、バランスのよい位置に描く。

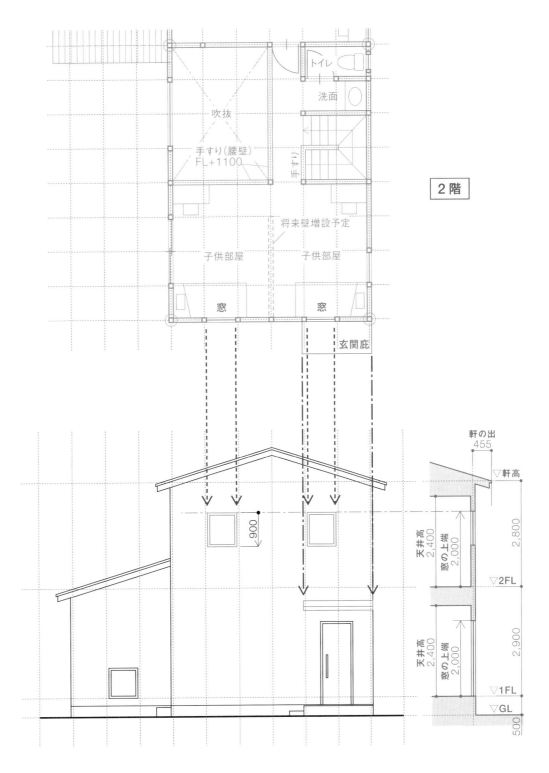

(1) 南立面図

⑧ 文字・寸法線 - 完成

✎ … 下を参考に、文字や寸法線を描く。

> **立面図に必要な文字や寸法線**
>
> ・建物の高さ関係がわかる寸法線（下屋がある場合は、下屋の高さ関係も必要）
> ・建物の外形がわかる寸法線
> ・屋根勾配　　　　　　　　　　　　　　　　　　　　　　　など

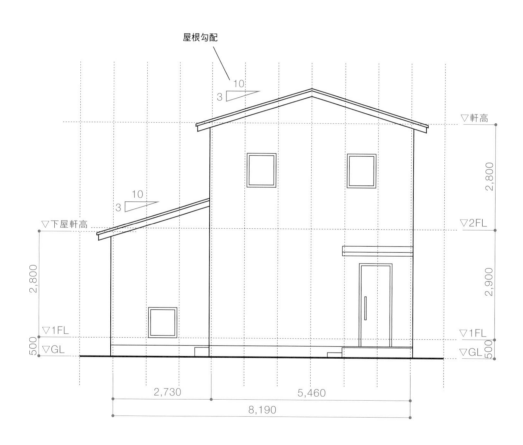

南立面図　S = 1/100

（2）西立面図

西立面図は、西側から建物を正面に見た図面です。
建物の外観がどのように見えるのかをイメージしましょう。

これから、下の完成図を順を追って描き進めます。
地盤面（GL）は**太線**、それ以外を**細線**で描きます。
作図を始める前に、線の太さの違いにも注意して見てみましょう。

参考図面
下の図面を参考に
西立面図を描きます。
・1階平面図
・2階平面図

▽軒高
2,800
▽2FL
2,900
▽1FL
500
▽GL

3,640　　　　　7,280
10,920

西立面図　S = 1/100

外観のイメージ

**順序に沿って
なぞってみよう！**

意匠図 - 4

西立面図を
ダウンロード

(2)西立面図

① 下描き線など

✎1 ... GL（グランドライン）を描く。

✎2 ... 平面図を見て、外壁の下描き線を描く。

✎3 ... 屋根の下描き線を描く。

・屋根の高さは、妻側の立面図（南立面図）を横に置いて描くとわかりやすい。
・描き方は、次ページ参照。

立面図は妻側を
先に描くと便利！

妻側の立面図を描くと、屋根の頂部の高
さがわかるため、平側は、妻側の立面図を
利用して屋根の高さを描く。（次ページ参照）

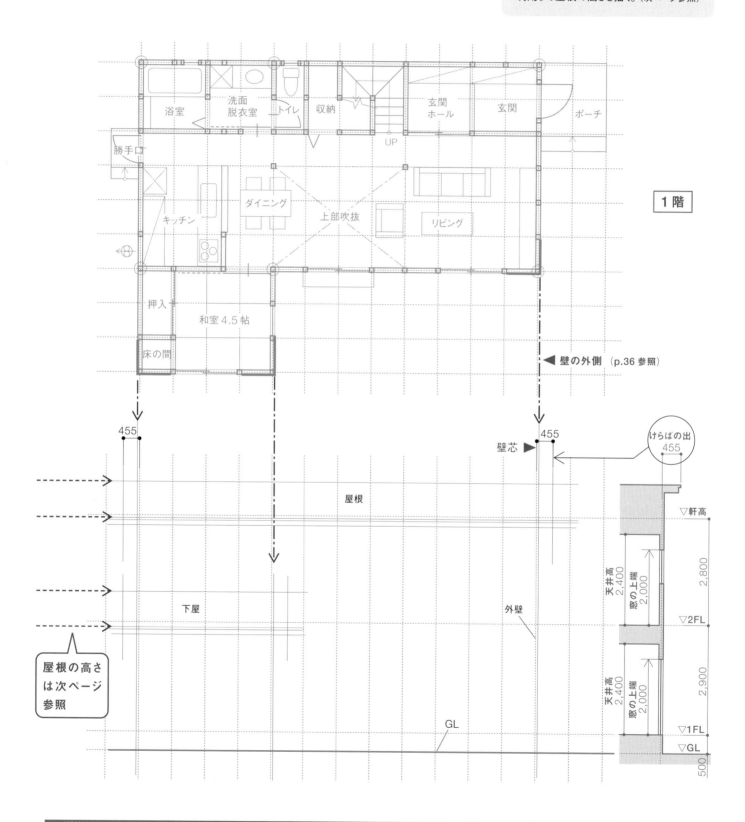

1 階

◀ 壁の外側 （p.36 参照）

455

455

壁芯 ▶

けらばの出
455

屋根

下屋

外壁

屋根の高さ
は次ページ
参照

▽軒高

天井高 2,400
窓の上端 2,000

2,800

▽2FL

天井高 2,400
窓の上端 2,000

2,900

▽1FL
▽GL

500

GL

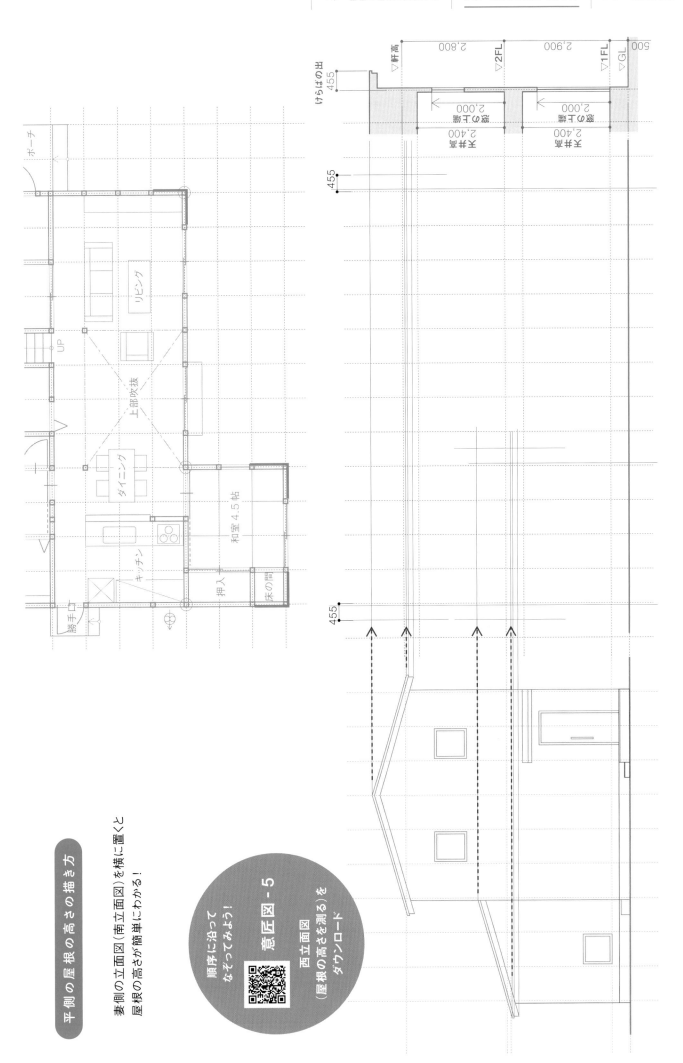

西立面図 Ｓ＝1/100

▽軒高		
▽2FL	2,800	
▽1FL	2,900	
▽GL	500	

けらばの出 455

窓の下端 2,000
天井高 2,400

窓の下端 2,000
天井高 2,400

455

455

平側の屋根の高さの描き方

妻側の立面図（南立面図）を横に置くと
屋根の高さが簡単にわかる！

順序に沿って
なぞってみよう！

意匠図 - 5

西立面図
（屋根の高さを測る）を
ダウンロード

（2）西立面図

② 外壁と屋根の仕上げ

✐ ... 下描き線に沿って、建物の外形を仕上げる。

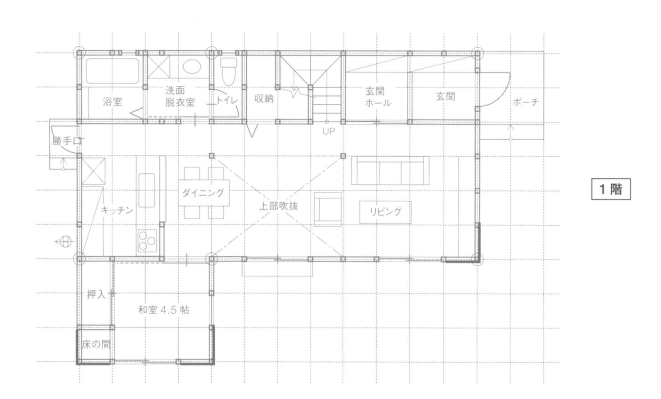

1階

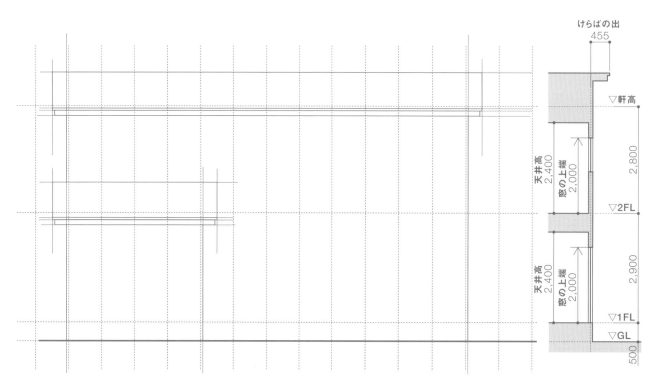

③1階の窓

✎ ... 1階平面図と同じ位置になるように、窓を描く。

- 掃き出し窓は、床面に接して設けるため、床面から窓の高さを測る。
  （リビングなどの窓は、開放感を出すために、基準とする窓の上端より高い、大きな窓を設けることもある）
- 窓の描き方は「4 建具の描き方」(p.10)を参照。　（右下図参照）

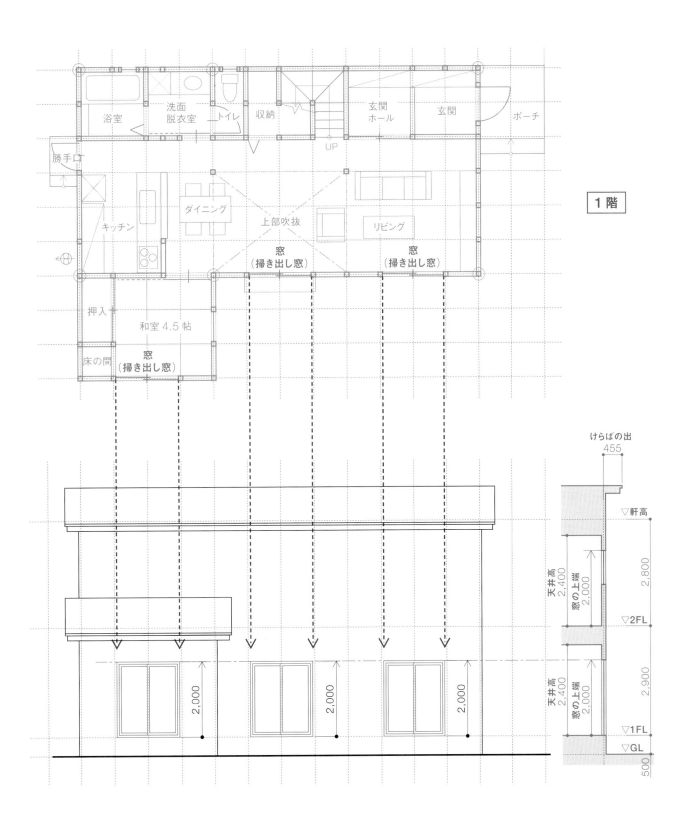

（2）西立面図

④ 基礎

✎ ...GLから300mm上がったところに、基礎天端の線を描く。(p.40 参照)

⑤ ポーチ・踏み台・勝手口

✎ ...1階平面図と同じ位置になるように、ポーチ、踏み台、勝手口を描く。

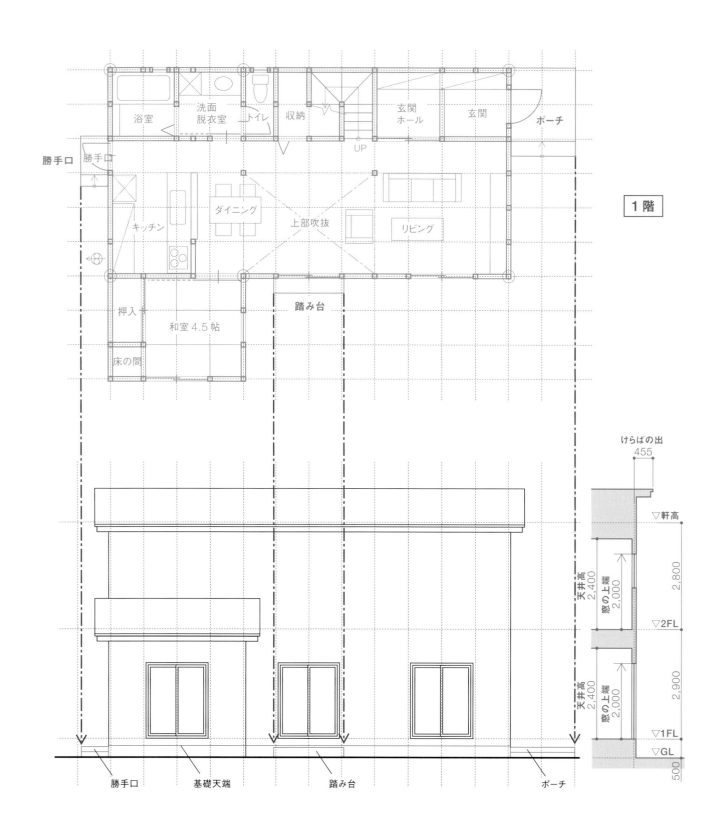

⑥2階の窓

✎... 2階平面図と同じ位置になるように、窓を描く。

⑦玄関庇

✎... 2階平面図と同じ位置になるように、玄関庇を描く。

・玄関庇の高さは、南立面図で確認する。

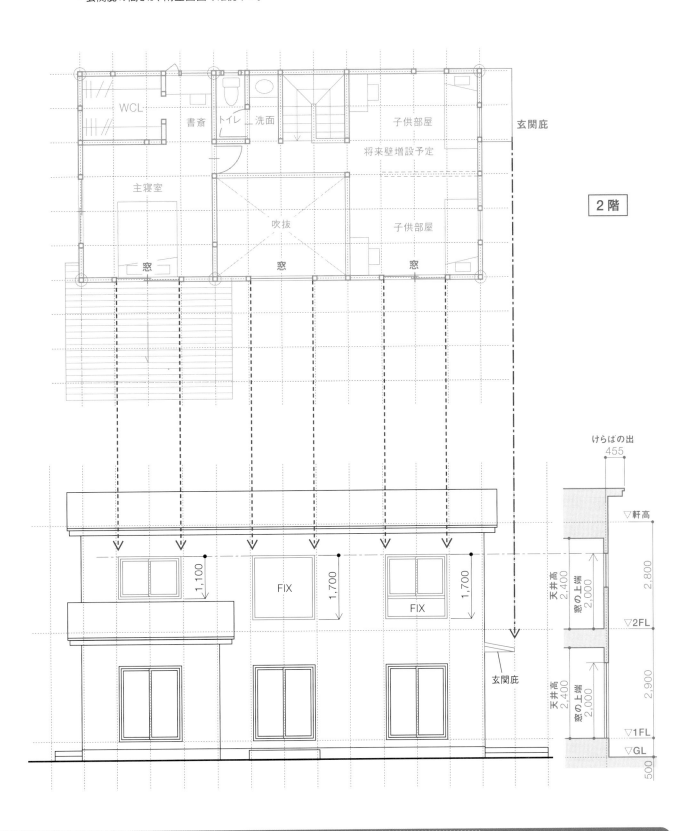

（2）西立面図

⑧ 屋根のテクスチャー

✐ … 屋根を葺く材料に応じて、テクスチャーを描く。

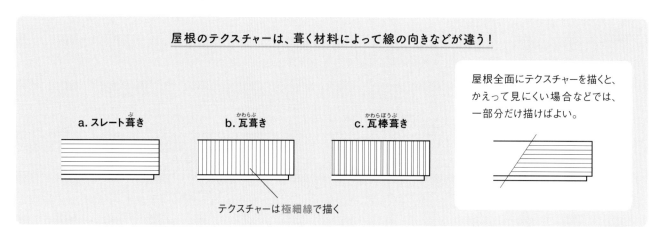

屋根のテクスチャーは、葺く材料によって線の向きなどが違う！

a. スレート葺き　　b. 瓦葺き　　c. 瓦棒葺き

テクスチャーは極細線で描く

屋根全面にテクスチャーを描くと、
かえって見にくい場合などでは、
一部分だけ描けばよい。

⑨ 文字・寸法線 − 完成

✐ … 下を参考に、文字や寸法線を描く。

立面図に必要な文字や寸法線

・建物の高さ関係がわかる寸法線
・建物の外形がわかる寸法線　　など

西立面図　S＝1/100

◁▷ 意外と悩ましい屋根の描き方

平面図が完成し、いざ立面図を描こうとすると、屋根の形がわからず、描き方に悩むことがあります。
そのときは、屋根伏図を描いて屋根の形を確認することで、形が明快になり、図面を描き進めることができます。
まずは、屋根伏図の描き方を見てみましょう。

屋根伏図（屋根を上から見た状態）の法則

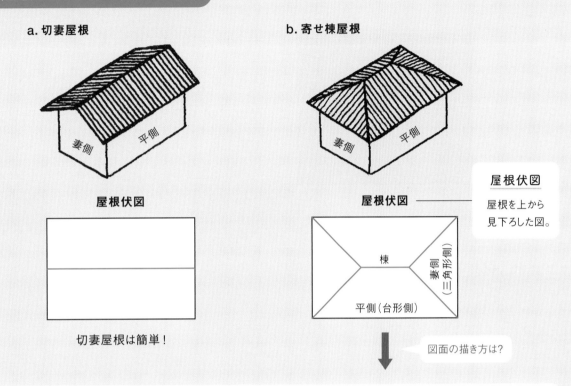

a. 切妻屋根

b. 寄せ棟屋根

屋根伏図

切妻屋根は簡単！

屋根伏図

平側（台形側）
棟
妻側（三角形側）

屋根伏図

屋根を上から
見下ろした図。

図面の描き方は？

同じ勾配の屋根が接合する場合、上から見ると接合部は必ず45度！（棟は水平！）

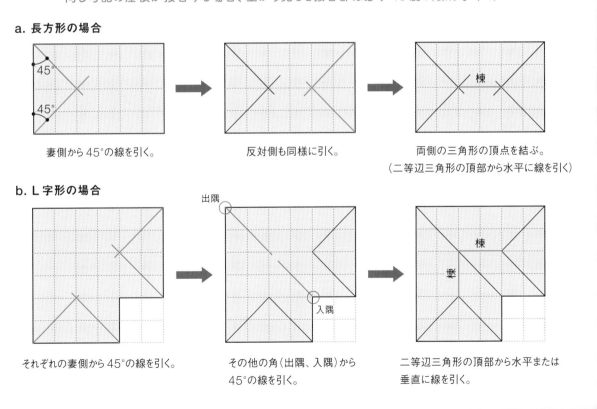

a. 長方形の場合

妻側から45°の線を引く。

反対側も同様に引く。

両側の三角形の頂点を結ぶ。
（二等辺三角形の頂部から水平に線を引く）

b. L字形の場合

出隅

入隅

それぞれの妻側から45°の線を引く。

その他の角（出隅、入隅）から
45°の線を引く。

二等辺三角形の頂部から水平または
垂直に線を引く。

✎ 幅の異なるL字形の場合はどうなる?

幅の異なるL字形の屋根伏図を描こうとすると、いつの間にか45°の法則を忘れてしまうようです。
同じ勾配の屋根が接する場合は、あくまで45°。その法則を忘れずに見てみましょう。

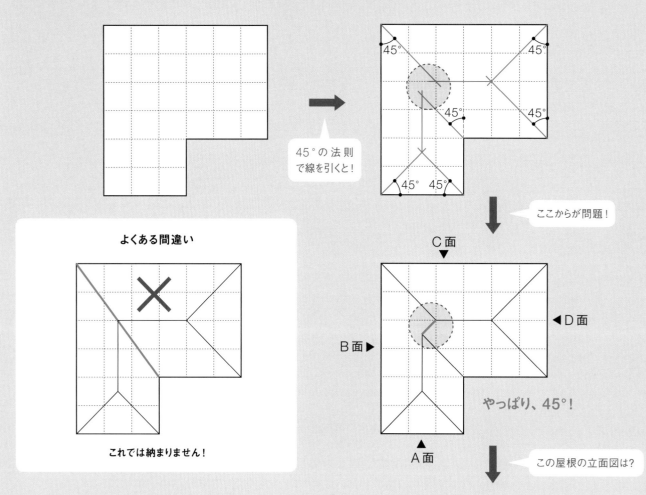

45°の法則
で線を引くと!

ここからが問題!

やっぱり、45°!

この屋根の立面図は?

よくある間違い

これでは納まりません!

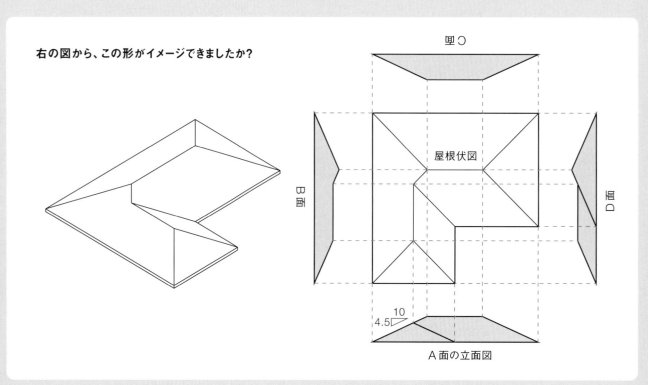

右の図から、この形がイメージできましたか?

里〇

B面

屋根伏図

D面

10
4.5

A面の立面図

4 断面図を描く

（1）A-A′断面図

A-A′断面図は、建物のある部分を東西方向に切断した図面です。
建物内部の様子をイメージしましょう。

これから、下の完成図を順を追って描き進めます。
切断面は**太線**、奥に見えるものを**細線**で描きます。
作図を始める前に、線の太さの違いにも注意して見てみましょう。

参考図面
下の図面を参考に
A-A′断面図を描きます。

・1階平面図
・2階平面図
・南立面図

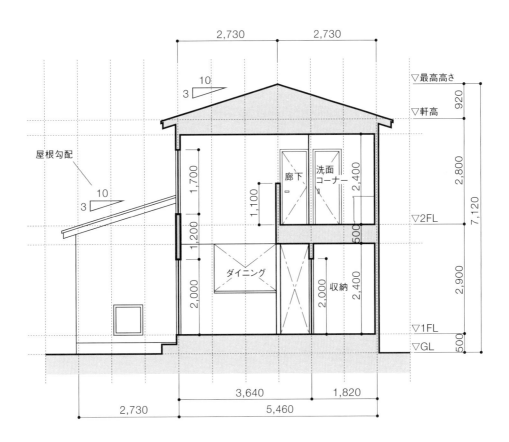

A-A′断面図　S=1/100

順序に沿って
なぞってみよう!

意匠図-6

A-A′断面図を
ダウンロード

(1) A-A' 断面図

① 切断面と見る方向

切断面は、室内のイメージを伝えたいところや、
吹抜があるなどで高さ関係を説明したいところ
などを選びましょう。

断面記号の見方

切断面

見る方向

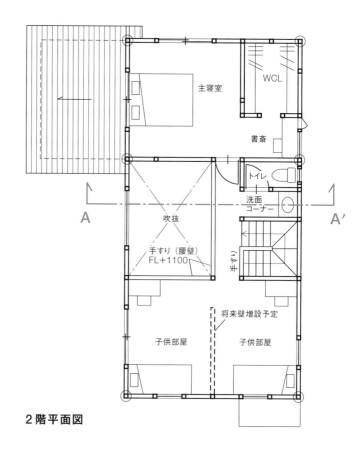

2階平面図

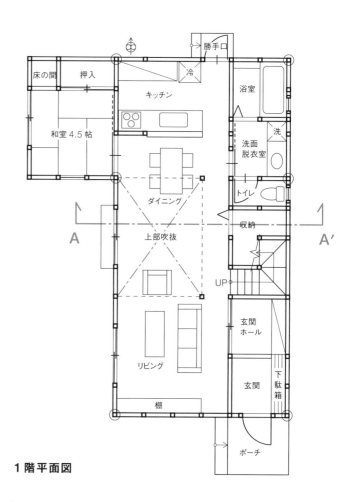

1階平面図

② 下描き線など

✎1 … GL（グランドライン）を描く。

✎2 … 建物の切断面（建物の輪郭、壁、床、天井など）を下描き線で描く。

✎3 … 窓の位置や手すりの高さに補助線を描く。

✎4 … 切断面より奥に見える <u>1階部分</u>を描く。（南立面図と同じ）
　　　　　　　　　　　　　　（下屋部分）

📏 効率よく断面図を描くには？

・描こうとする断面図の**上**に**平面図**を置くと、建物の幅や窓の幅が一目でわかる！

・描こうとする断面図の**横**に高さ関係がわかる**断面図（一部）**を置くと、各階の高さや窓の高さがなどが一目でわかる！

建物の仕様の一部を断面図で表したもの。一般的に、これらの寸法を決めてから立面図や断面図を描きます。

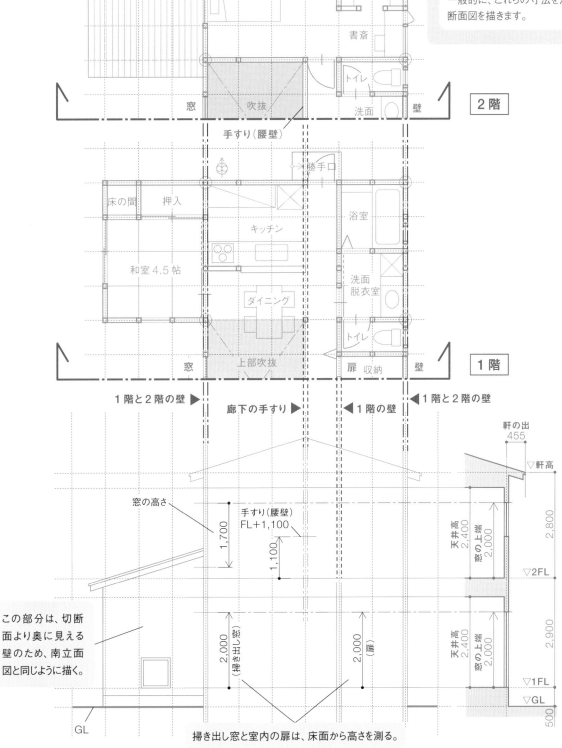

この部分は、切断面より奥に見える壁のため、南立面図と同じように描く。

掃き出し窓と室内の扉は、床面から高さを測る。

（1）A-A′断面図

③切断面の仕上げ

✎1 ... 下描き線に沿って、建物の切断面を仕上げる。

✎2 ... 切断面にある建具（窓、扉）を描く。（左下図参照）

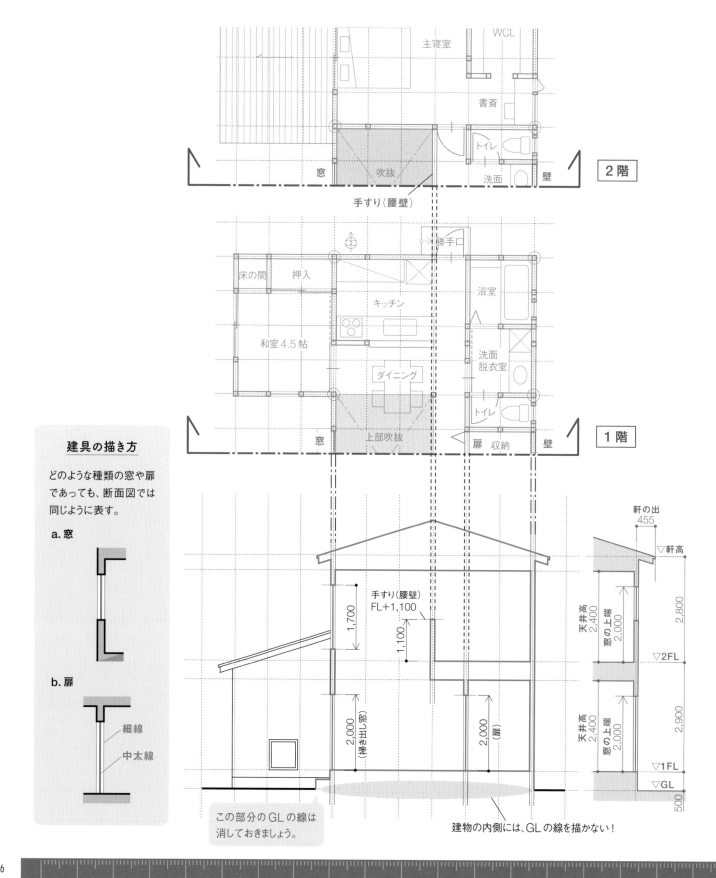

2階

手すり（腰壁）

1階

建具の描き方

どのような種類の窓や扉
であっても、断面図では
同じように表す。

a. 窓

b. 扉

細線
中太線

この部分のGLの線は
消しておきましょう。

建物の内側には、GLの線を描かない！

④1階の建物内部

✎…1階平面図を見て、切断面より奥に見えるものを描く。

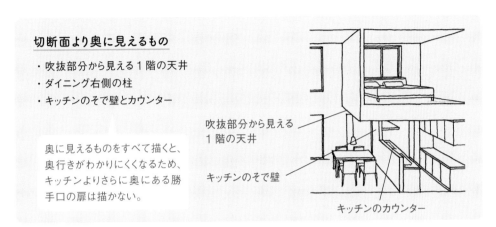

切断面より奥に見えるもの

・吹抜部分から見える1階の天井
・ダイニング右側の柱
・キッチンのそで壁とカウンター

奥に見えるものをすべて描くと、
奥行きがわかりにくくなるため、
キッチンよりさらに奥にある勝
手口の扉は描かない。

吹抜部分から見える
1階の天井

キッチンのそで壁

キッチンのカウンター

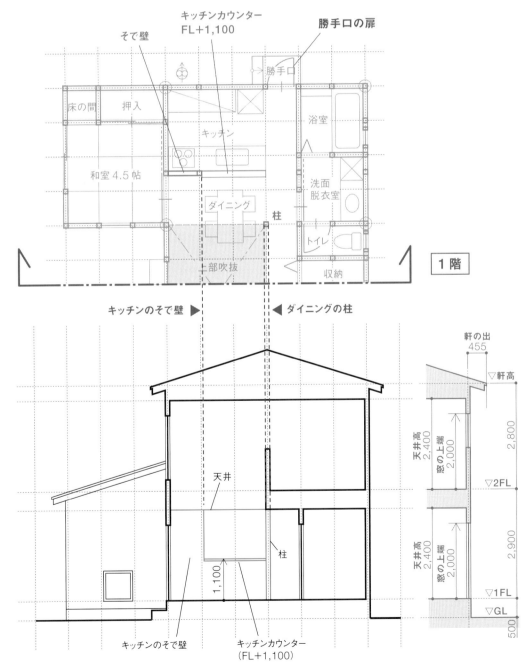

キッチンカウンター
FL+1,100

勝手口の扉

そで壁

勝手口

床の間　押入

浴室

キッチン

和室4.5帖

洗面
脱衣室

ダイニング

柱

トイレ

上部吹抜

収納

1階

キッチンのそで壁 ▶　◀ ダイニングの柱

軒の出
455

▽軒高

天井高
2,400

窓の上端
2,000

2,800

天井

▽2FL

柱

1,100

天井高
2,400

窓の上端
2,000

2,900

▽1FL

キッチンのそで壁

キッチンカウンター
（FL+1,100）

▽GL

500

⑤ 2 階の建物内部

✏ …２階平面図を見て、切断面より奥に見えるものを描く。

切断面より奥に見えるもの

・主寝室とトイレの扉
・トイレの扉がある壁の左側の角
・洗面台

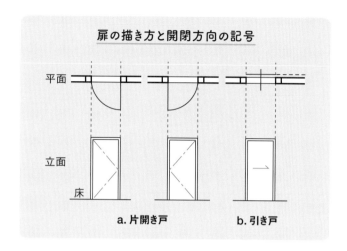

扉の描き方と開閉方向の記号

平面／立面／床

a. 片開き戸　　b. 引き戸

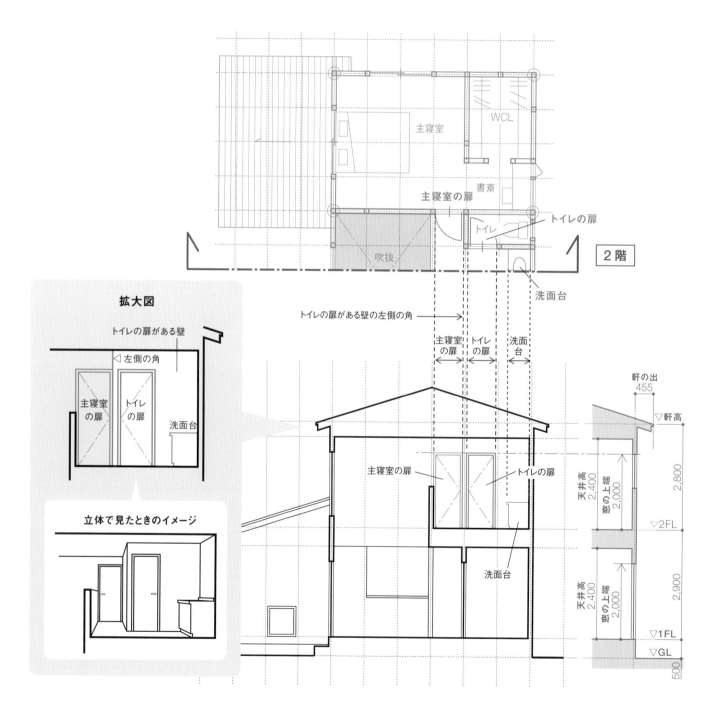

拡大図

トイレの扉がある壁
◁ 左側の角
主寝室の扉／トイレの扉／洗面台

立体で見たときのイメージ

主寝室／WCL／書斎／主寝室の扉／トイレの扉／トイレ／吹抜／洗面台

2 階

トイレの扉がある壁の左側の角

主寝室の扉／トイレの扉／洗面台

軒の出 455／▽軒高／天井高 2,400／窓の上端 2,000／2,800／▽2FL／天井高 2,400／窓の上端 2,000／2,900／▽1FL／▽GL／500

⑥ 文字・寸法線 − 完成

✎ ... 下を参考に、文字や寸法線を描く。

断面図に必要な文字や寸法線

a. 建物の内側に描くもの
- ・部屋名
- ・天井高さがわかる寸法線
- ・建具（窓、扉）の高さがわかる寸法線
- ・手すりの高さがわかる寸法線　　　　など

b. 寸法線
- ・建物の高さ関係がわかる寸法線
- ・部屋の大きさがわかる寸法線
- ・建物の外形がわかる寸法線
- ・屋根勾配　　　　　　　　　　など

建物内部で、同じ部分の寸法線であれば、A-A′断面図またはB-B′断面図のいずれかに描けばよい。

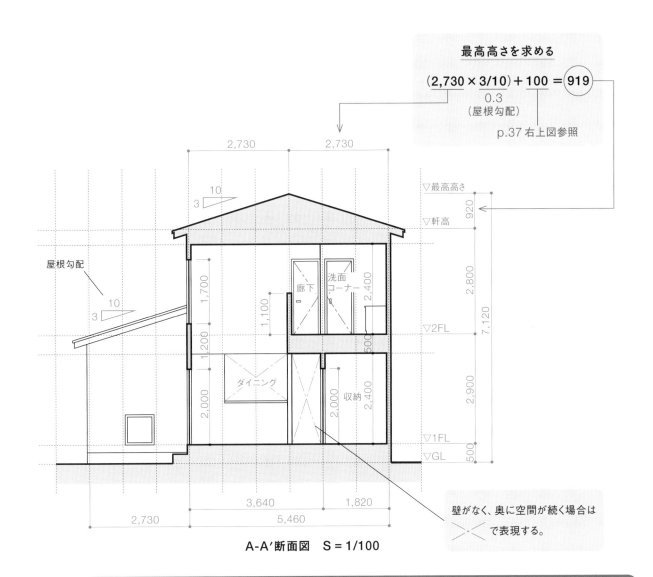

最高高さを求める

$$\frac{(2,730 \times 3/10)}{0.3\,(屋根勾配)} + 100 = 919$$

p.37 右上図参照

A-A′断面図　S = 1/100

壁がなく、奥に空間が続く場合は ⋈ で表現する。

（2）B-B'断面図

B-B'断面図は、建物のある部分を南北方向に切りとり正面から見た図面です。
建物内部の様子をイメージしましょう。

これから、下の完成図を順を追って描き進めます。
切断面は**太線**、奥に見えるものを**細線**で描きます。
作図を始める前に、線の太さの違いにも注意して見てみましょう。

参考図面

下の図面を参考に
B-B'断面図を描きます。

・1階平面図
・2階平面図
・南立面図
・西立面図

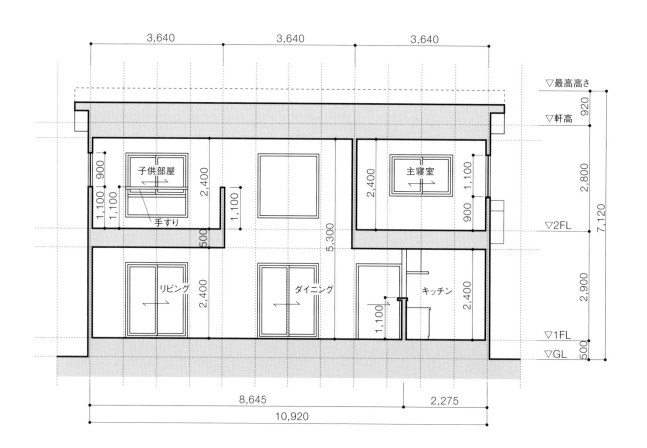

B-B'断面図　S＝1/100

順序に沿って
なぞってみよう！

意匠図-7

B-B'断面図を
ダウンロード

① 切断面と見る方向

切断面は、室内のイメージを伝えたいところや、吹抜があるなどで高さ関係を説明したいところなどを選びましょう。

断面記号の見方

切断面

見る方向

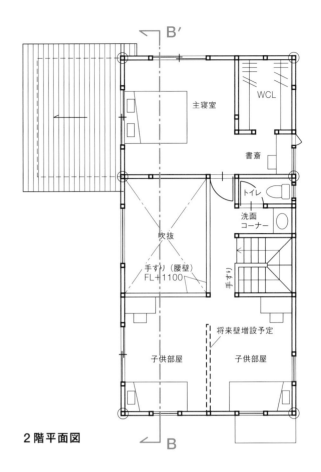

2階平面図

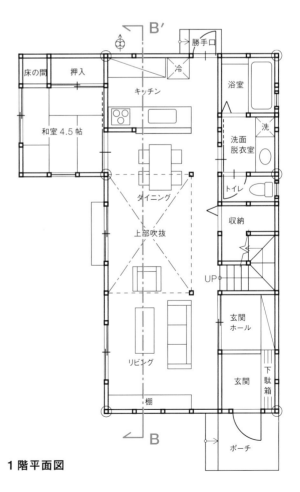

1階平面図

（2）B-B'断面図

② 下描き線など

✎1 ... GL（グランドライン）を描く。

✎2 ... 建物の切断面（建物の輪郭、壁、床、天井など）を下描き線で描く。

✎3 ... 窓の位置や手すりの高さに補助線を描く。

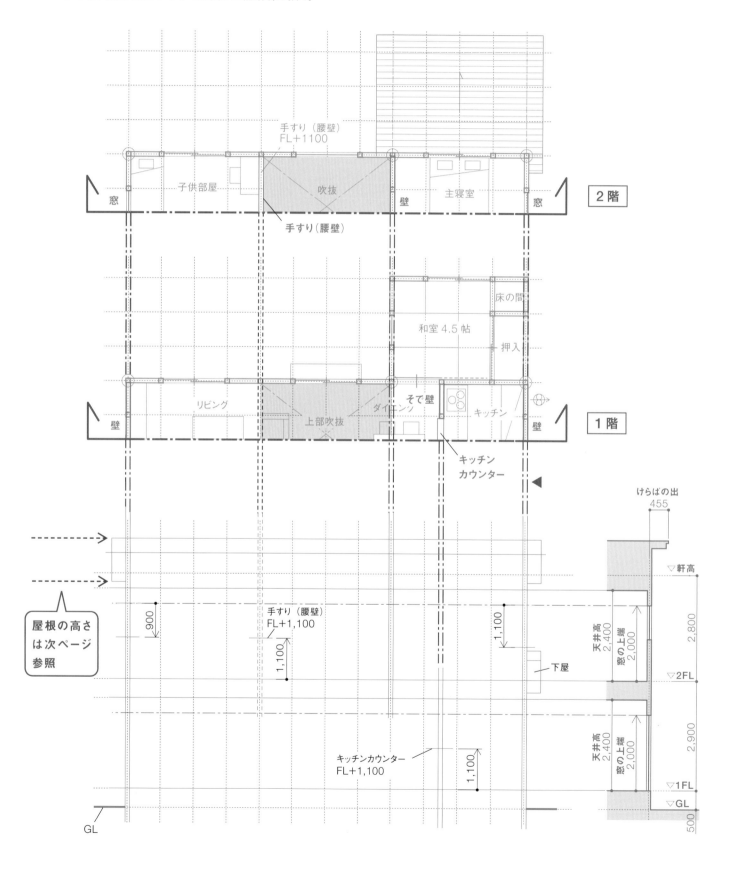

B-B'断面図　S＝1/100 ●

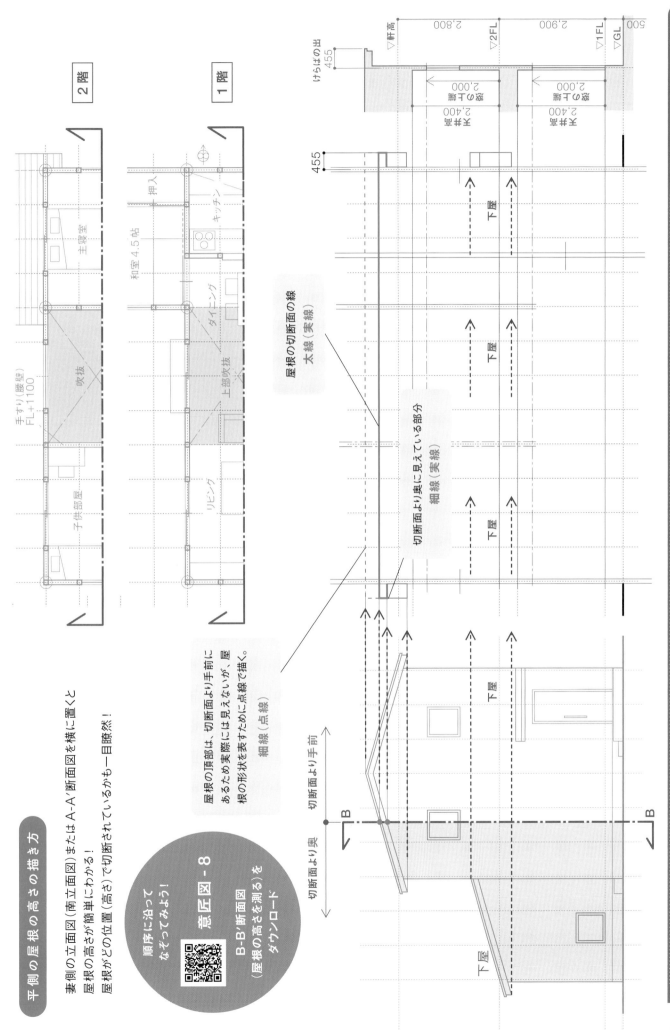

平側の屋根の高さの描き方

妻側の立面図（南立面図）またはA-A'断面図を横に置くと屋根の高さが簡単にわかる！

屋根がどの位置（高さ）で切断されているかも一目瞭然！

順序に沿ってなぞってみよう！

意匠図 - 8
B-B'断面図
（屋根の高さを測る）を
ダウンロード

屋根の頂部は、切断面より手前にあるため実際には見えないが、屋根の形状を表すために点線で描く。
細線（点線）

切断面より奥に見えている部分
細線（実線）

屋根の切断面の線
大線（実線）

2階　1階

主寝室　子供部屋　吹抜　手すり（腰壁）FL+1100

和室4.5帖　キッチン　ダイニング　リビング　押入　上部吹抜

B-B'断面図　S=1/100

けらばの出455　▽軒高　2,800　▽2FL　2,900　▽1FL　▽GL　500

建具高さ2,000　内法高さ2,400　下屋　455

切断面より手前　切断面より奥　下屋

（2）B-B′断面図

③ 切断面の仕上げ

✏1 ... 下描き線に沿って、建物の切断面を仕上げる。

✏2 ... 切断面にある建具（窓、扉）を描く。

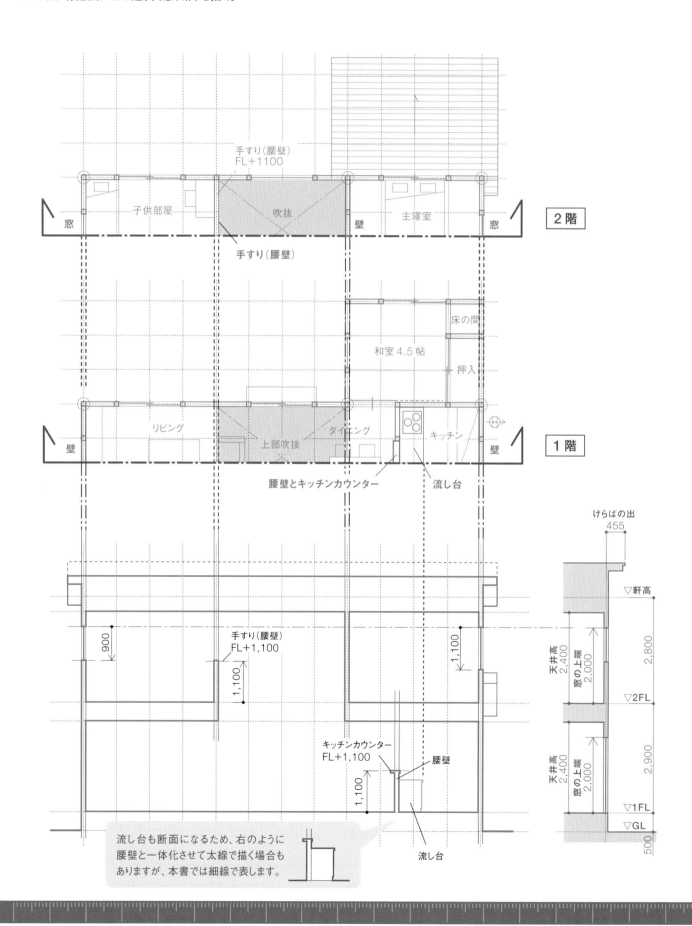

流し台も断面になるため、右のように
腰壁と一体化させて太線で描く場合も
ありますが、本書では細線で表します。

④1階の建物内部

✎...1階平面図を見て、切断面より奥に見えるものを描く。

切断面より奥に見えるもの

・リビング、ダイニングの窓
・和室の扉
・キッチンのそで壁と換気扇

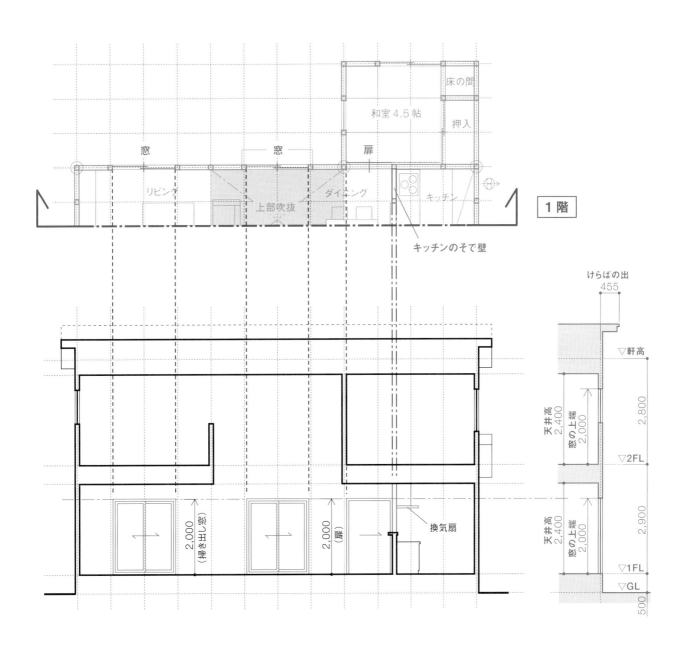

（2）B-B'断面図

⑤2階の建物内部

✎ ...2階平面図を見て、切断面より奥に見えるものを描く。

切断面より奥に見えるもの
・それぞれの部屋の窓

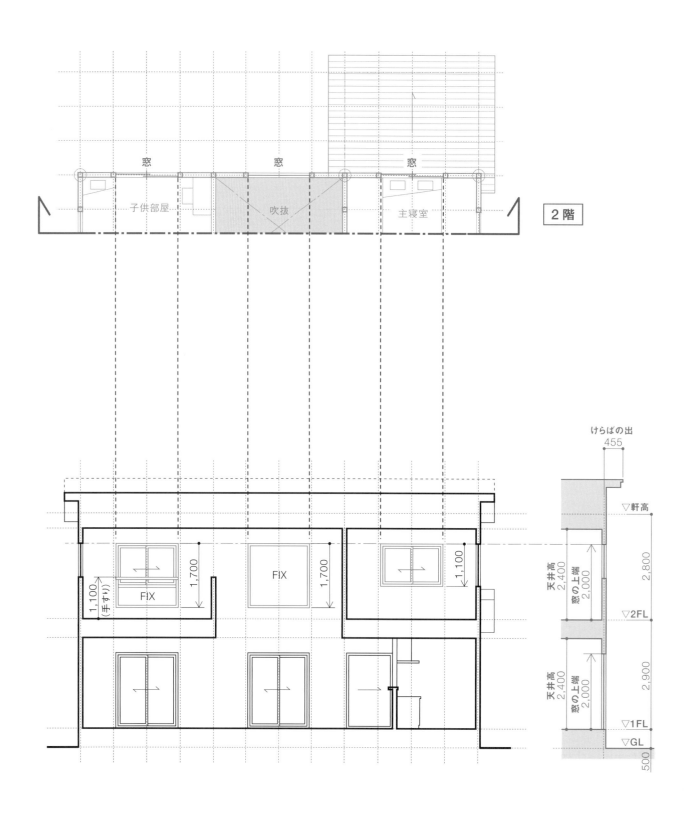

⑥ 文字・寸法線 − 完成

✎ ... 下を参考に、文字や寸法線を描く。

断面図に必要な文字や寸法線

a. 建物の内側に描くもの
- ・部屋名
- ・天井高さがわかる寸法線
- ・建具（窓、扉）の高さがわかる寸法線
- ・手すりの高さがわかる寸法線　　　など

b. 寸法線
- ・建物の高さ関係がわかる寸法線
- ・部屋の大きさがわかる寸法線
- ・建物の外形がわかる寸法線
　　　　　　　　　　　　　　　など

建物内部で、同じ部分の寸法線であれば、A-A′断面図またはB-B′断面図のいずれかに描けばよい。

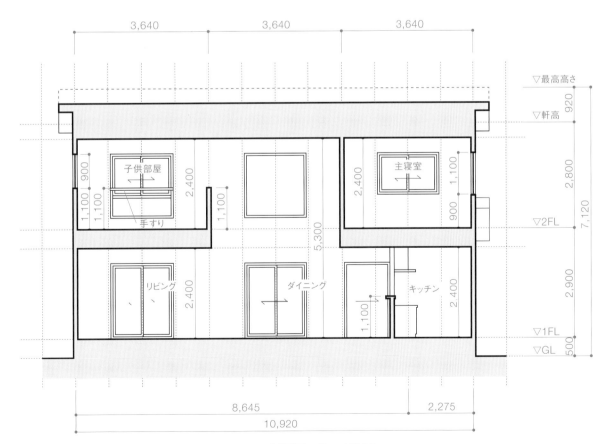

B-B′断面図　S＝1/100

断面図から建物内部の様子がイメージできますか？

図面を描くときは、常に建物の全体像を思い浮かべながら、また、そこに住む家族がどのような生活を送るのか、イメージを膨らませながら描きたいものです。そうすることが、よりよいプランにもつながるでしょう。
イメージ通りの図面が描けるようになることも重要ですね。

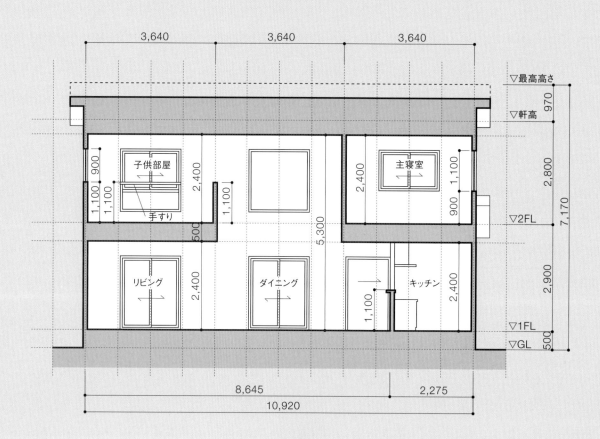

図面から、建物内部の様子や生活の様子を思い浮かべることができますか？

建物内部の様子を図面に表せていますか？

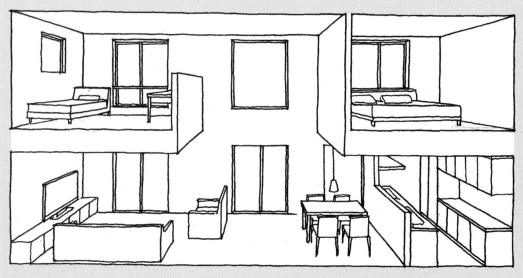

※一部、窓の形状などが異なります

3 章

構造図を描いてみよう!

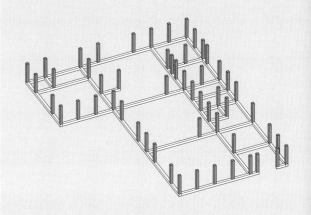

意匠図の次は構造図です。
図面の表現方法や、描き方の手順などを確認しながら
描き進めましょう。

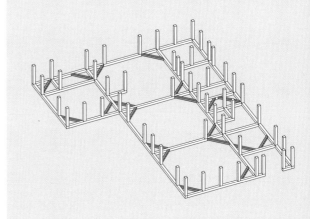
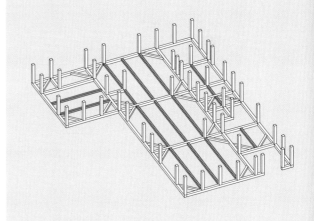
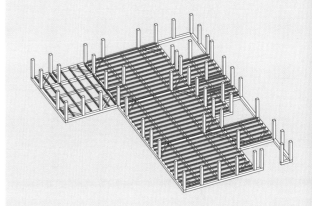

1 | 木造の骨組みと4つの要素

木造建築物は、多くの部材で構成されているため、とても複雑に見えますが、以下の4つの要素に分けると、それほど複雑ではありません。

基礎　：建物の荷重を地盤に伝える
　　　　（鉄筋コンクリート造）

床組　：床を構成する部分

小屋組：屋根を構成する部分

軸組　：壁を構成する部分

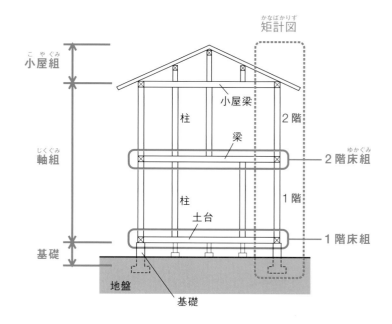

2 | 構造図の種類

前節で分割した部分を、それぞれ図面に表したものが構造図です。
主に以下の種類があります。

構造図の種類		図面の描き方
基礎伏図 （きそぶせず）	基礎を上から水平に見下ろした図面	p.80〜88
床伏図 （ゆかぶせず）	床組を上から水平に見下ろした図面	p.92〜115
小屋伏図 （こやぶせず）	小屋組を上から水平に見下ろした図面	p.118〜128
軸組図 （じくぐみず）	軸組の各面（壁）を正面から見た図面	p.132〜143
矩計図 （かなばかりず）	建物の一部を垂直に切りとり、納まりや寸法、使用する材料などを詳細に表した図面	p.144〜153

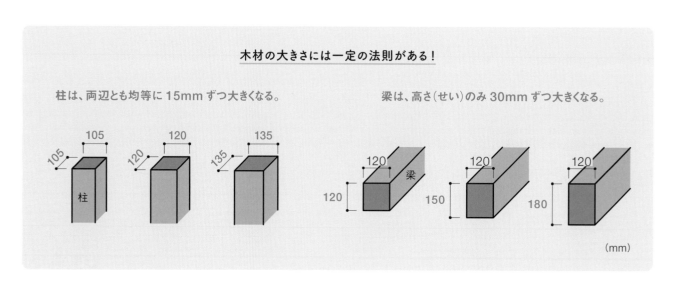

木材の大きさには一定の法則がある！

柱は、両辺とも均等に15mmずつ大きくなる。　　　梁は、高さ（せい）のみ30mmずつ大きくなる。

(mm)

3 | 部材に流れる力と各部の名称

1. 力の流れ

建物にはたらく力には、建物自体の重さ(自重)だけでなく、
人や家具などの荷重もあります。
(以降、本書では、自重も含めて「荷重」と表します)

荷重は、上から下へ、そして地盤へと伝わります。
力の流れに無理がない構造にすることが大切です。

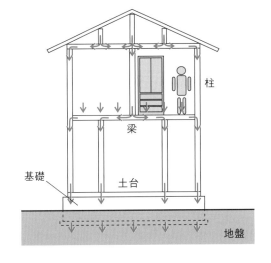

2. 各部の名称

部材の名称を見てみましょう。

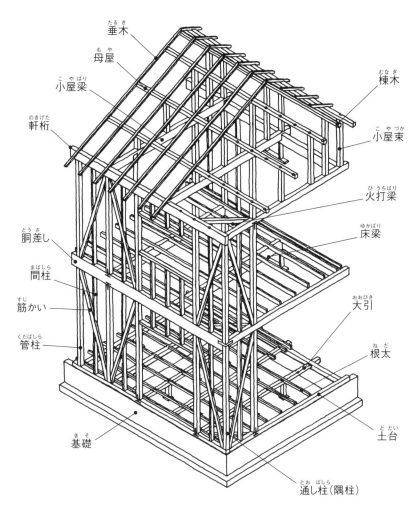

同じ平面プランでも同じ構造図になるとは限らない!

柱や梁などの部材の配置については、基本的な法則はありますが、どの部分に配置するかはそれぞれです。
できるだけ効率よく、構造に負担がかからないような配置を考えましょう。

丈夫にしようと必要以上に柱や梁を設けると、それだけコストがかかり、建築主に負担をかけることになる!

4 完成図を見る

これから描こうとする構造図です。

まずは、構造図にはどのような種類があり、それがどのような図面なのかを見ることから始めましょう！

全体のイメージをつかむことが大切です！

部材の役割や図面の描き方は、p.78 から 1 つ 1 つ順を追って解説します。

---

① 基礎伏図

基礎伏図の描き方は、p.80〜88

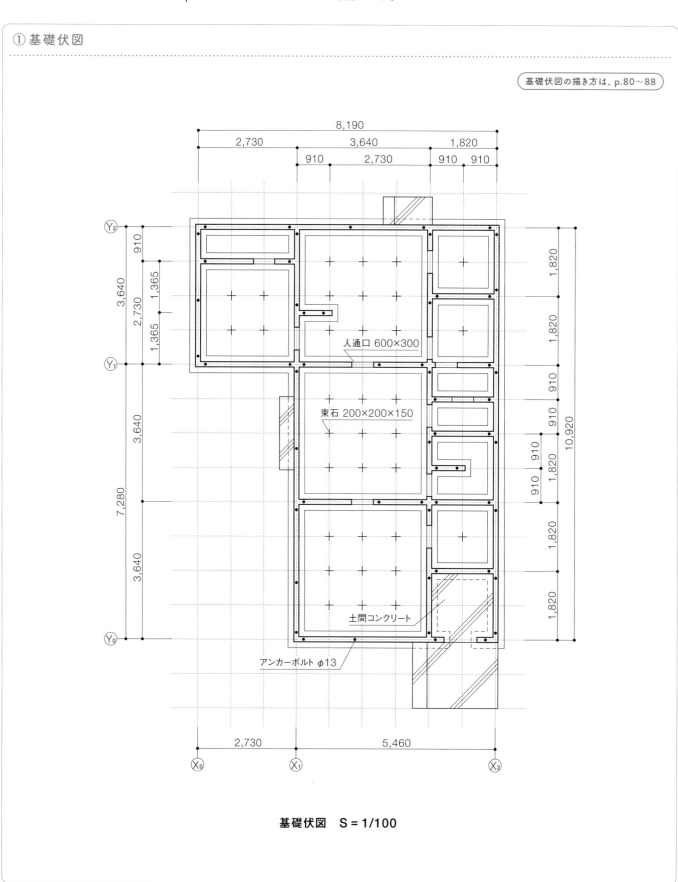

人通口 600×300

束石 200×200×150

土間コンクリート

アンカーボルト φ13

基礎伏図　S = 1/100

② 床伏図

1階床伏図の描き方は、p.92～100

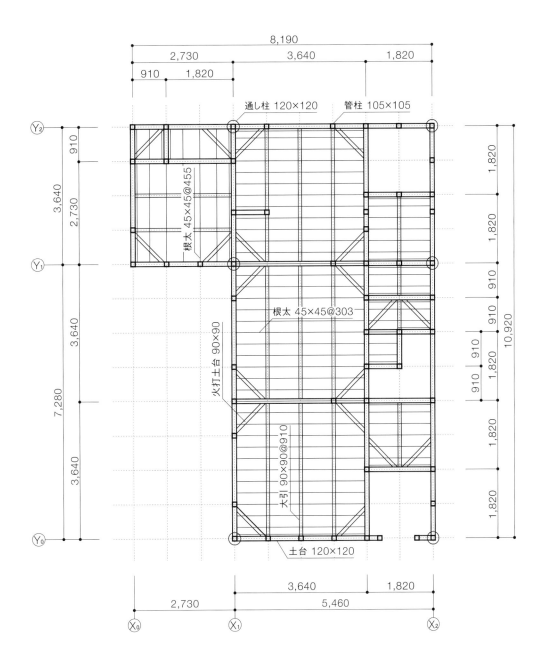

1階床伏図　S = 1/100

②床伏図

2階床伏図の描き方は、p.102～115

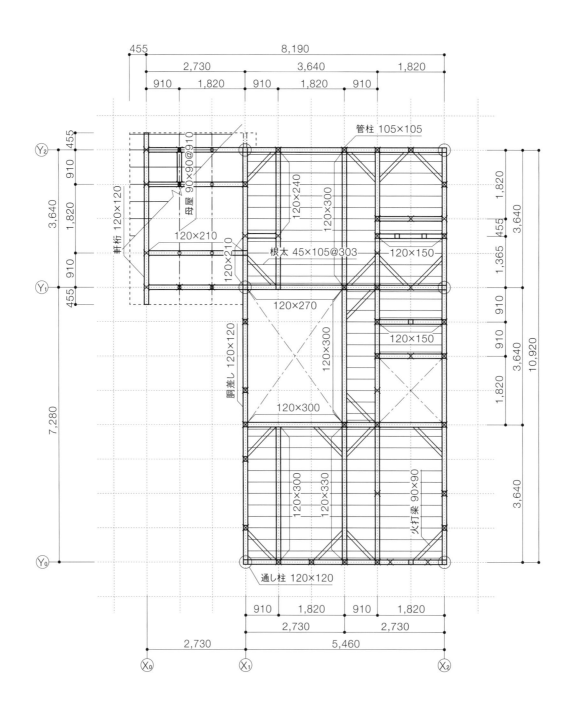

2階床伏図　S＝1/100

③ 小屋伏図

小屋伏図の描き方は、p.118～128

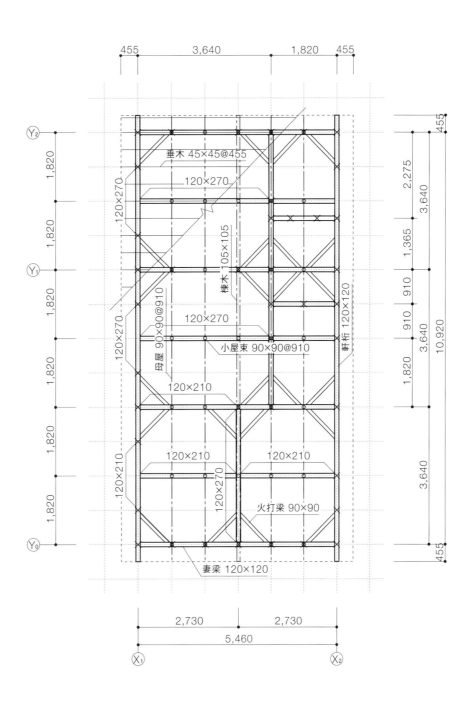

小屋伏図　S = 1/100

④ 軸組図

軸組図の描き方は、p.132～143

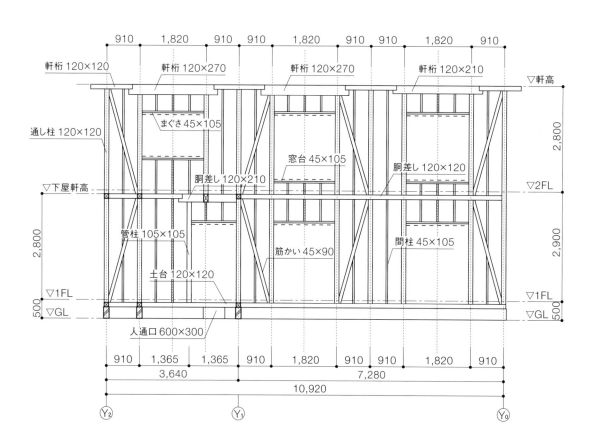

X₁ 通り

軸組図　S = 1/100

⑤ 矩計図

矩計図の描き方は、p.144〜153

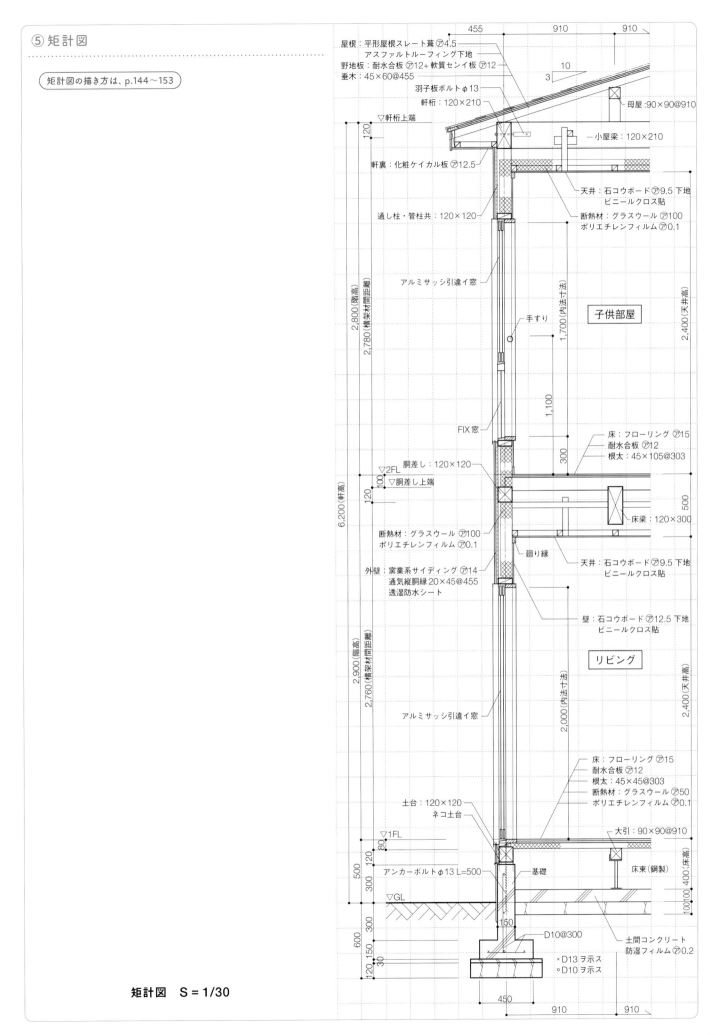

屋根：平形屋根スレート葺㋜4.5
　　　アスファルトルーフィング下地
野地板：耐水合板㋜12＋軟質センイ板㋜12
垂木：45×60@455

羽子板ボルトφ13

軒桁：120×210

▽軒桁上端

軒裏：化粧ケイカル板㋜12.5

通し柱・管柱共：120×120

アルミサッシ引違イ窓

FIX窓

手すり

子供部屋

母屋：90×90@910

小屋梁：120×210

天井：石コウボード㋜9.5 下地
　　　ビニールクロス貼

断熱材：グラスウール㋜100
ポリエチレンフィルム㋜0.1

床：フローリング㋜15
耐水合板㋜12
根太：45×105@303

▽2FL
胴差し：120×120
▽胴差し上端

断熱材：グラスウール㋜100
ポリエチレンフィルム㋜0.1

外壁：窯業系サイディング㋜14
通気縦胴縁20×45@455
透湿防水シート

廻り縁

床梁：120×300

天井：石コウボード㋜9.5 下地
　　　ビニールクロス貼

壁：石コウボード㋜12.5 下地
　　　ビニールクロス貼

リビング

アルミサッシ引違イ窓

床：フローリング㋜15
耐水合板㋜12
根太：45×45@303
断熱材：グラスウール㋜50
ポリエチレンフィルム㋜0.1

土台：120×120

ネコ土台

大引：90×90@910

▽1FL

アンカーボルトφ13 L=500

基礎

床束（鋼製）

▽GL

D10@300

土間コンクリート
防湿フィルム㋜0.2

×D13 ヲ示ス
○D10 ヲ示ス

矩計図　S = 1/30

2,800（階高）
2,780（横架材間距離）

1,700（内法寸法）

1,100

300

2,400（天井高）

6,200（軒高）

120

100

500

2,900（階高）
2,760（横架材間距離）

2,000（内法寸法）

2,400（天井高）

80

500
120
300

600　300

150

450

910　910

455　910　910

10

3

120

120

（1）基礎のしくみ

基礎のしくみを知ることで、基礎伏図の理解が深まります。
それぞれの役割を思い浮かべながら、図面を描き進めましょう。

基礎とは？ ：鉄筋コンクリート造でつくられ、建物の最下部に位置する。

基礎の役割：建物の荷重や、外部からの力（地震や台風など）を、均等に地盤に伝える。

（図中ラベル）土台／柱／布基礎（ぬのきそ）／束石（つかいし）

1. 基礎の種類

地盤の状況や強さ（地耐力）により、いずれかを選択する。

a. 布基礎：地盤がしっかりしている場合

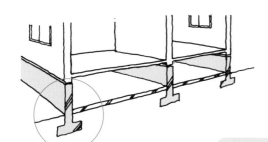

b. べた基礎：地盤が少し弱い場合

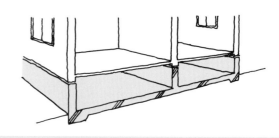

布基礎の断面寸法

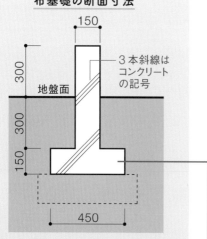

150
300 地盤面
300
150
450
3本斜線はコンクリートの記号

寸法は地盤の強さや建物の規模で異なる。

フーチング

布基礎が地盤に沈むのを防ぐ。

ココ

新雪の上でも、スキー板を履くと体が雪に沈まないのと同じ！

📐 地盤の強さで基礎の種類が決まる！

地盤が丈夫なのに強度の大きい基礎を用いると、無駄なコストがかかります。
地盤の強さを確認した上で、地盤に適した基礎を選びましょう。

a. 布基礎

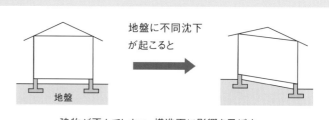

地盤に不同沈下が起こると

地盤

建物が歪んでしまい、構造面に影響を及ぼす。

b. べた基礎

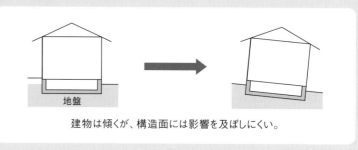

地盤

建物は傾くが、構造面には影響を及ぼしにくい。

2. 床下換気口

床下に湿気がたまると、土台や床組などの木材が腐食する原因になる。空気が通り抜けるように開口部を設けることで、床下に湿気がたまるのを防ぐことができる。

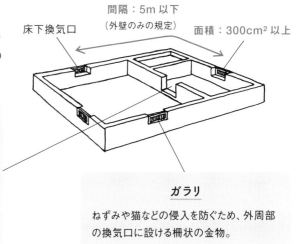

間隔：5m 以下
（外壁のみの規定）

床下換気口

面積：300cm² 以上

人通口

床下のメンテナンスをするため、人が這って通ることができる大きさの開口部。

床下に入るための点検口は、キッチンの床下収納を兼ねることが多い！

ガラリ

ねずみや猫などの侵入を防ぐため、外周部の換気口に設ける柵状の金物。

床下換気口の種類

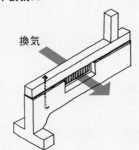

a. 床下換気口

換気

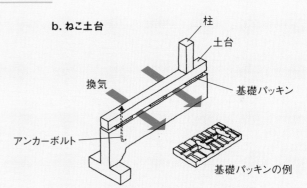

b. ねこ土台

柱
土台
換気
基礎パッキン
アンカーボルト
基礎パッキンの例

・床下換気口は、換気口以外の部分に空気の吹きだまりができ、湿気が溜まりやすい。

　　土台などの木材が腐る原因となる。

・基礎に開口部を設けるため、基礎の強度が低下するおそれがある。

　　開口部には補強が必要。

・ねこ土台は、床下全体を均一に換気できる。

・土台が基礎に触れないため、土台が腐りにくい。

・基礎を切り欠くことがないため、施工面でも効率的。ただし、床下のメンテナンスを行うために、内部の人通口は必要。

・柱とアンカーボルトを設ける部分には、必ずねこ土台（基礎パッキン）を設ける。

近年では、床下換気口はほとんど用いられていないため、本書では、ねこ土台を用いた基礎伏図を描きます。

3. アンカーボルト

土台が基礎からずれたり、浮き上がったりしないように固定する金物。

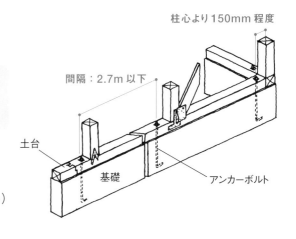

柱心より150mm 程度

間隔：2.7m 以下

土台
基礎
アンカーボルト

a. アンカーボルトが必要なところと間隔

・土台の両端

・土台が長い場合は、2.7 m以下の間隔

木材は、一般的に3mの長さで販売されているため、1本の木材（土台）の両端にアンカーボルトを配置するということ！

b. アンカーボルトを取り付けることができないところ

・柱の直下
（柱がある場合は、柱芯から150mm程度離れたところに設ける）

・人通口があるところ

（2）基礎伏図

基礎伏図は、基礎を上から見下ろした図面です。
下の基礎伏図と次ページの立体図を見比べて、実際にはどのような構造になっているかをイメージしましょう！

これから、下の完成図を順を追って描き進めます。
基礎伏図は、基本的に**中太線**で描きますが、地中に埋もれている部分などは**細線**で描きます。
作図を始める前に、線の太さの違いにも注意して見てみましょう。

参考図面

下の図面を参考に
基礎伏図を描きます。

・1 階平面図

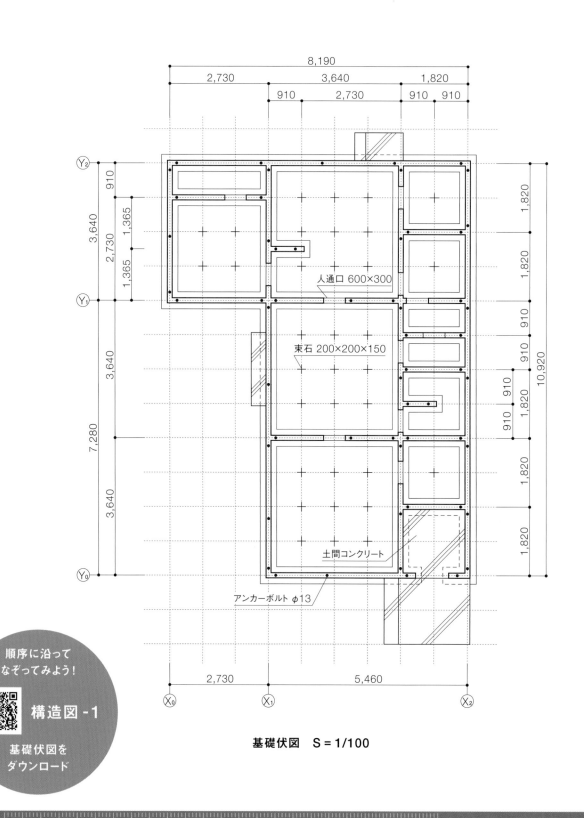

順序に沿って
なぞってみよう！

構造図 -1

基礎伏図を
ダウンロード

人通口 600×300

束石 200×200×150

土間コンクリート

アンカーボルト φ13

基礎伏図　S＝1/100

立体図で基礎伏図を見てみよう！

基礎伏図を立体にすると、下のようになります。
それぞれの役割を思い浮かべながら見てみましょう。
（下の立体図は地上部分のみを表しています）

盛土：基礎の内側に土を盛ること

地盤面よりも、建物の内側に土を盛って高くすることで、建物の内側に水が溜まるのを防ぐ。

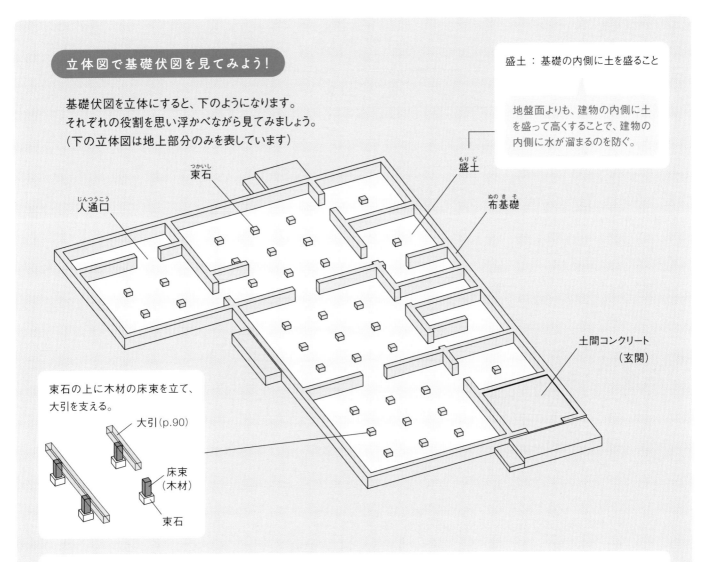

束石の上に木材の床束を立て、大引を支える。

大引（p.90）

床束（木材）

束石

人通口　束石　盛土　布基礎　土間コンクリート（玄関）

近年では、布基礎の内側に防湿コンクリートを敷き、鋼製床束を立てることが多い。
地盤からの湿気を防ぐことができ、木材の腐食を防ぐことができる。
鋼製床束を用いることで、施工の手間も大幅に軽減される。
（矩計図（p.144～153）は、鋼製床束を用いて描きます）

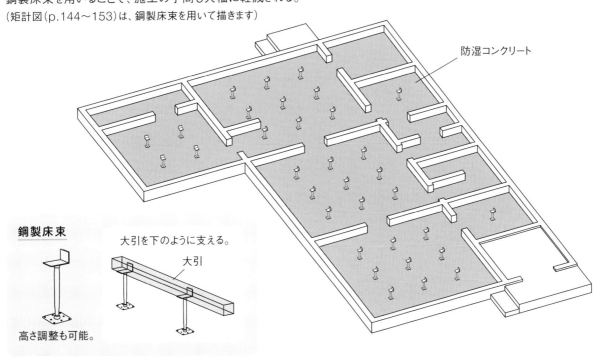

防湿コンクリート

鋼製床束

大引を下のように支える。

大引

高さ調整も可能。

（2）基礎伏図

① 壁の中心線

✎ ... 1階平面図を見て、壁の位置を確認し、壁の中心線を描く。

> 構造図では、中太線（細線より少し太い線）以外の太さの線のみを図中で示します。
> ただし、線の太さばかりを気にするよりも、内容を理解することが大切です。
> しっかり理解しながら、1つ1つ描き進めましょう！

壁の中心線：細線（一点鎖線）

② 布基礎

✐ ... 壁の中心線に沿って、布基礎の立ち上がり部分とフーチングを描く。

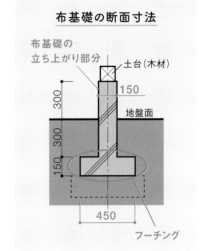

布基礎の断面寸法

布基礎の
立ち上がり部分

土台（木材）

150

地盤面

300

300

150

450

フーチング

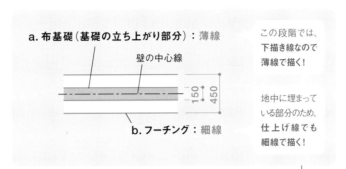

a.**布基礎（基礎の立ち上がり部分）：薄線**

壁の中心線

150

450

b.**フーチング：細線**

この段階では、
下描き線なので
薄線で描く！

地中に埋まって
いる部分のため、
仕上げ線でも
細線で描く！

長さが910mm程度の場合は、
基礎を設けないことが多い。

1階平面図には、この部分に壁はないが、
基礎全体の変形を防ぐために設ける。

玄関部分には、
基礎を設けない。

※以降、中心線は省略

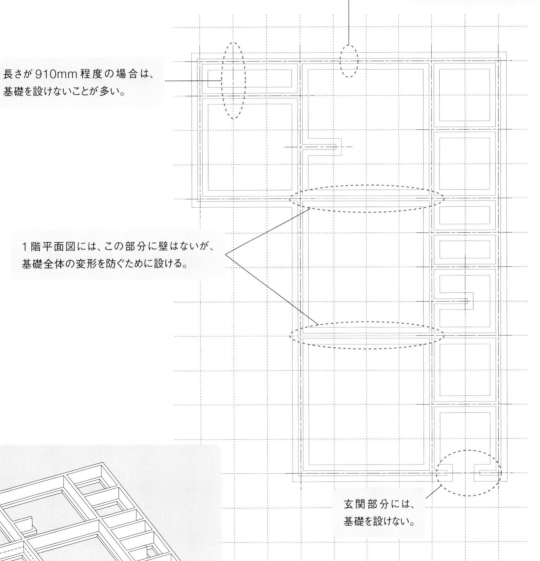

地盤面（GL）のライン

↑

点線より下の部分は、地中に
埋もれているということ！

※以降、地中部分は省略

（2）基礎伏図

③ 人通口

✎...1階平面図を見て、柱がないところに、人通口を描く。

・玄関（土間コンクリートの部分）以外のすべての床下のメンテナンスができるように、
人通口を設ける。

④ 布基礎の仕上げ

✎... 人通口以外の部分の布基礎の線を仕上げる。

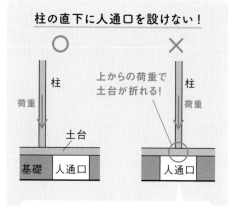

柱の直下に人通口を設けない！

○　　　　×

柱と人通口が重なる場合は、柱か
人通口のどちらかを移動させる！

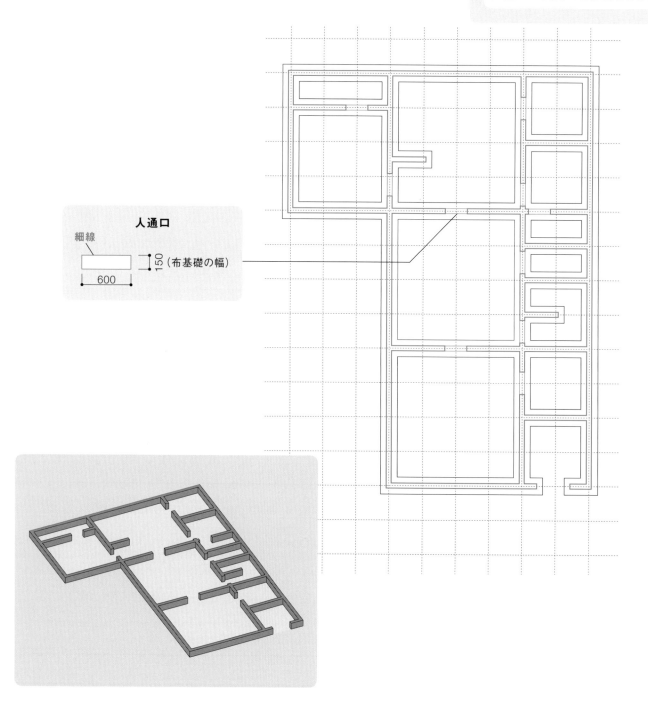

人通口

細線

150（布基礎の幅）

600

⑤ アンカーボルト

✏ … 間隔が 2.7m 以下になるように、アンカーボルトを描く。

間隔：2.7m 以下
記号：●

アンカーボルトは記号で表します。

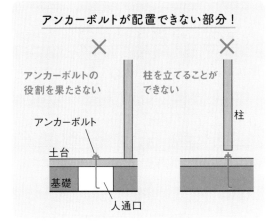

アンカーボルトが配置できない部分！

× アンカーボルトの役割を果たさない

土台
基礎
人通口
アンカーボルト

× 柱を立てることができない

柱

📐 アンカーボルトは
どこに必要？

・土台の両端
・2.7m 以下の間隔
・木材（土台）の継ぎ目

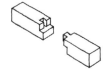

土台を継ぐ場合は、2本の木材を上下に
かみ合わせて接合するため、片側の材（上
になる側の材）にアンカーボルトを設けると、
両方の材を固定することができます。

例）妻側の幅が 2,730mm の場合

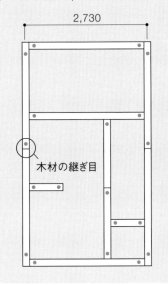

2,730

木材の継ぎ目

アンカーボルトを配置できない部分にも
注意する。（右上図）

アンカーボルト

アンカーボルトの間隔：2.7m 以下

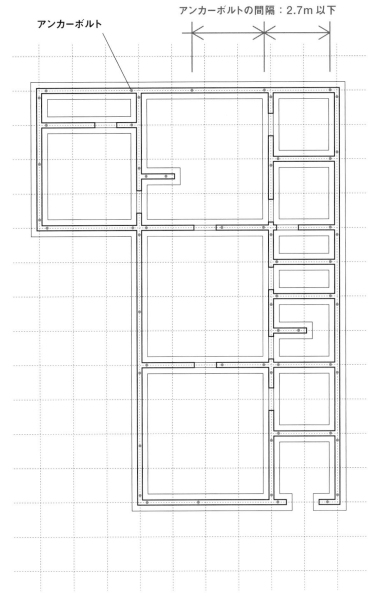

（2）基礎伏図

⑥ 束石

✏️ ... 布基礎に囲まれた部分で、グリットが交差するところに、束石を描く。

大きさ：200×200×150mm
間隔 ：910mm
記号 ：＋

束石は、実際の部材の大きさではなく記号で表します。
（寸法通りの形状（□）で描く場合もあります）

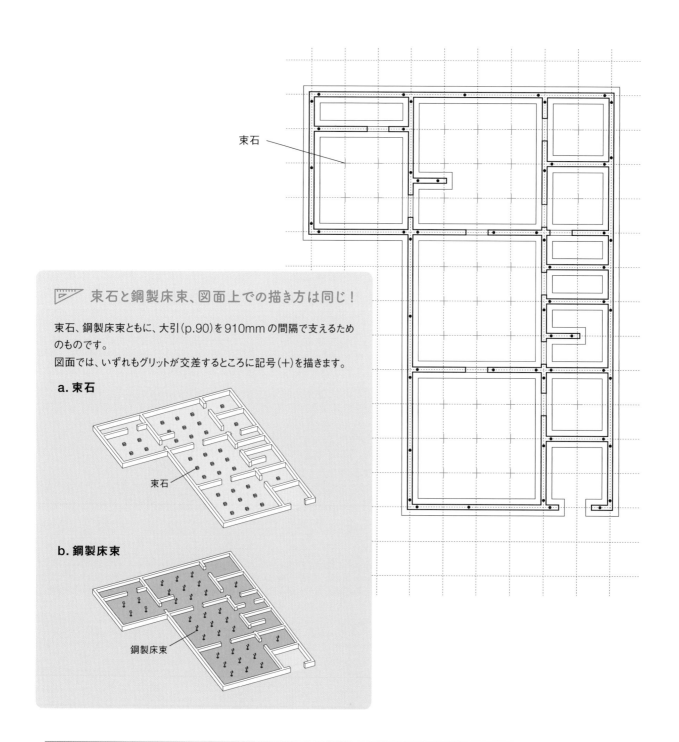

束石

📏 束石と鋼製床束、図面上での描き方は同じ！

束石、鋼製床束ともに、大引（p.90）を910mmの間隔で支えるためのものです。
図面では、いずれもグリットが交差するところに記号（＋）を描きます。

a. 束石

束石

b. 鋼製床束

鋼製床束

⑦ 土間コンクリート

✎ … 1階平面図を見て、玄関とポーチ、勝手口、踏み台の位置を確認し、土間コンクリートを描く。

- ・土間コンクリートとフーチングが重なる部分は、フーチングの線を点線に変更する。
- ・土間コンクリートの部分には、コンクリートの記号（3本斜線）を一定の間隔で描く。

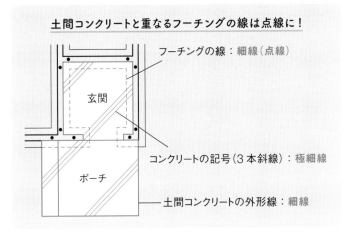

土間コンクリートと重なるフーチングの線は点線に！

フーチングの線：細線（点線）

玄関

コンクリートの記号（3本斜線）：極細線

ポーチ

土間コンクリートの外形線：細線

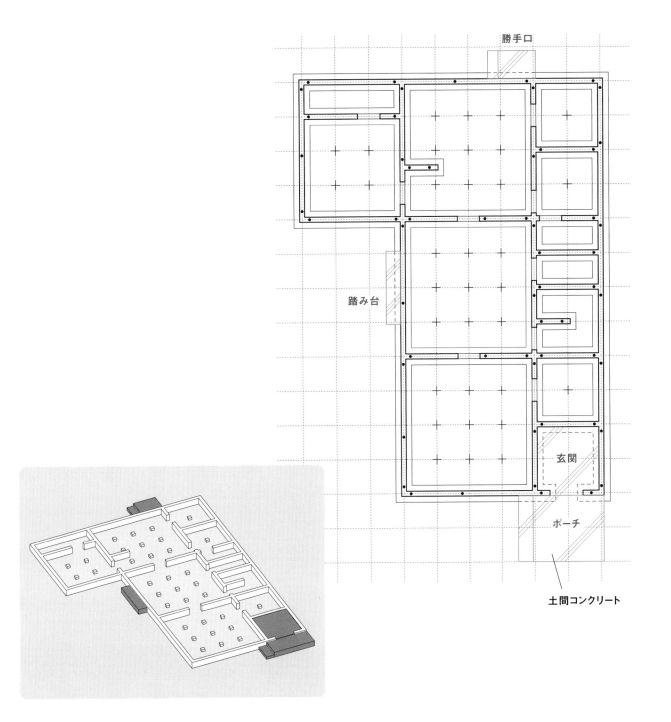

勝手口

踏み台

玄関

ポーチ

土間コンクリート

（2）基礎伏図

⑧ 文字・寸法線 ― 完成

✏ … 右を参考に、文字や寸法線を描く。

基礎伏図に必要な文字や寸法線

a. 部材など：・人通口、束石などの名称、大きさ

束石	200×200×150
部材名	束石の大きさ

鋼製床束の場合は、大きさは不要。
「鋼製床束」と描く。

b. 寸法：・布基礎の位置がわかる寸法線
・建物の外形がわかる寸法線
・通り芯の記号（X₀Y₀など）　など

通り芯の説明は次ページを参照。

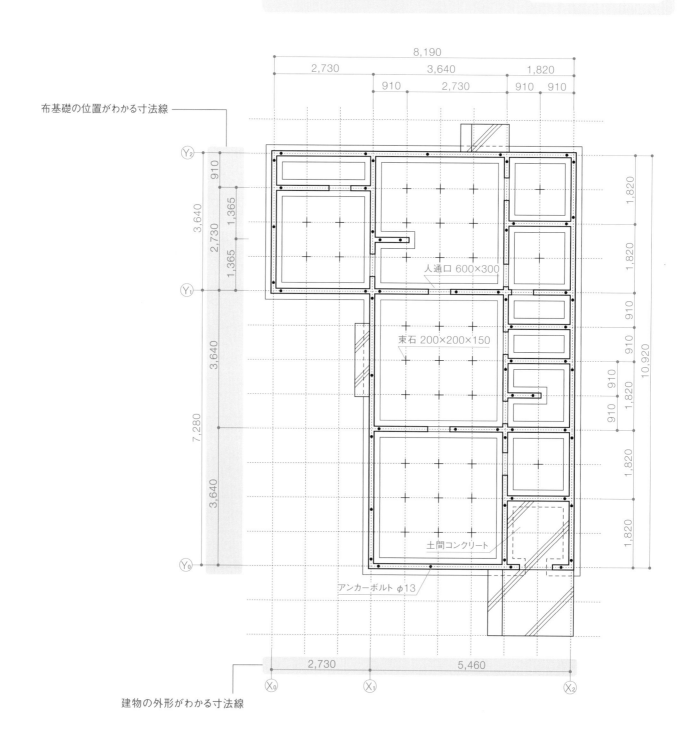

布基礎の位置がわかる寸法線

束石 200×200×150

人通口 600×300

土間コンクリート

アンカーボルト φ13

建物の外形がわかる寸法線

基礎伏図　S＝1/100

▱ 通り芯は何のため？

複雑な形状の建物や規模が大きい建物の場合、図面がとても複雑になります。
しかし、通り芯を設けることで、建物の一部分を取り出した図面であっても、どの部分を表しているのかが一目でわかります！

通り芯は軸に沿って番号をつける

a. 平面関係の図面（平面図、伏図など）

- 水平方向（**X軸**）：X_0 X_1 X_2 …
- 垂直方向（**Y軸**）：Y_0 Y_1 Y_2 …

b. 高さ関係の図面（立面図、断面図など）

- 垂直方向（**Z軸**）：Z_0 Z_1 Z_2 …
  （高さ方向）

通り芯となる壁のライン

- 外壁のライン
- 1階と2階の壁が重なっているライン　　など

---

1. 2階が1階のどの位置にあるのかがすぐにわかる！

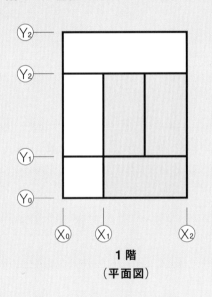

1階
（平面図）

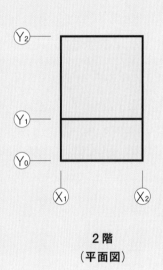

2階
（平面図）

2. 複雑な建物の部分拡大図でも、どの部分なのかがすぐにわかる！

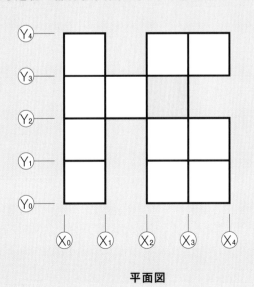

平面図

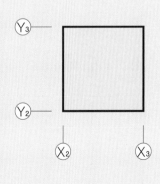

部分拡大図
（部分詳細図）

（1）床組のしくみ

床組のしくみを知ることで、床伏図の理解が深まります。
それぞれの部材の役割を思い浮かべながら、図面を描き進めましょう。

床組とは？ ： 床をつくるための骨組み。

床組の役割 ： 各階の床を支え、その荷重を、1階の床組は直接
基礎へ、2階（上階）の床組は柱を通して基礎へ
伝える。

> 床組の荷重には、床組自体の重さ、フローリングなどの
> 仕上げ材、人や家具の重さなどがあります。

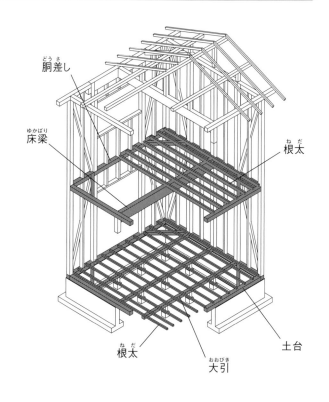

1. 大引と梁の違いとその特徴

1階と2階では、床を支える部材が異なります。

> 1階床組と2階床組は、同じように描き進めますが、構造が少し異なります。
> 床組の違いを見てみましょう。

a. 1階の床を支えるのは、「大引」

1階の床は大引で支える。
直下に地盤があるため、大引を床束で支えることができる。

⬇

> 大引は、小さな部材でも大丈夫！

b. 2階の床を支えるのは、「梁」

2階に壁や床を設ける場合で、直下の1階に壁や柱がない
ときは、梁を渡して壁や床を支える必要がある。
梁は、長さが長くなるほど、また梁にかかる荷重が大きくなる
ほど、断面が大きくなる。

> **床組の梁には、2種類の役割がある。**
> ・上階に床を設けるための梁（床梁）
> ・上階の壁を支えるための梁

⬇

> 梁は、必要に応じて大きな部材が必要！

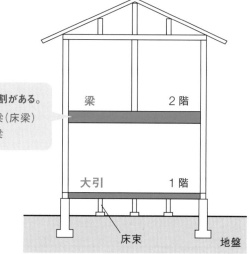

2. 床組の構造

1階と2階の床組では、根太の大きさ、根太を支える部材と間隔がそれぞれ異なる。

2階(上階)
根太の断面のサイズ

幅　せい(高さ)
45 × 105

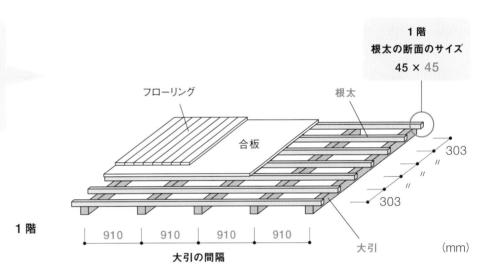

フローリング
根太
合板
303
303
2階
1,820　1,820
床梁
床梁の間隔

近年では、根太を使わない剛床工法(根太レス工法)が多く用いられるようになりました。しかし本書では、在来工法の基本を学ぶため、根太工法を用いて説明します。

1階
根太の断面のサイズ
45 × 45

フローリング
根太
合板
303
303
1階
910　910　910　910
大引
(mm)
大引の間隔

3. 床組の補強 (火打土台と火打梁)

地震や台風などで建物に揺れが生じると、建物が変形し崩壊するおそれがあるため、火打土台や火打梁を設けて建物の変形を防ぐ。

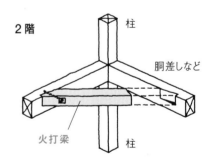

2階
柱
胴差しなど
火打梁
柱

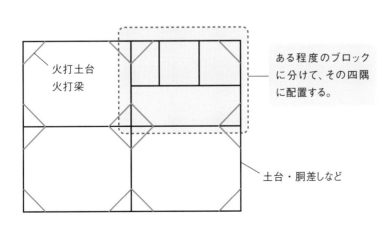

火打土台
火打梁

ある程度のブロックに分けて、その四隅に配置する。

土台・胴差しなど

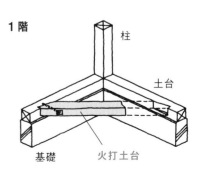

1階
柱
土台
基礎
火打土台

（2）1階床伏図

1階床伏図は、1階の床組を上から見下ろした図面です。
下の1階床伏図と次ページの立体図を見比べて、実際にはどのような構造になっているかをイメージ
しましょう！

参考図面

下の図面を参考に
1階床伏図を描きます。

・1階平面図
・基礎伏図

これから、下の完成図を順を追って描き進めます。
床伏図の部材は、基本的に**中太線**で描きますが、柱は断面のため**太線**、根太は**細線**で描きます。
作図を始める前に、線の太さの違いにも注意して見てみましょう。

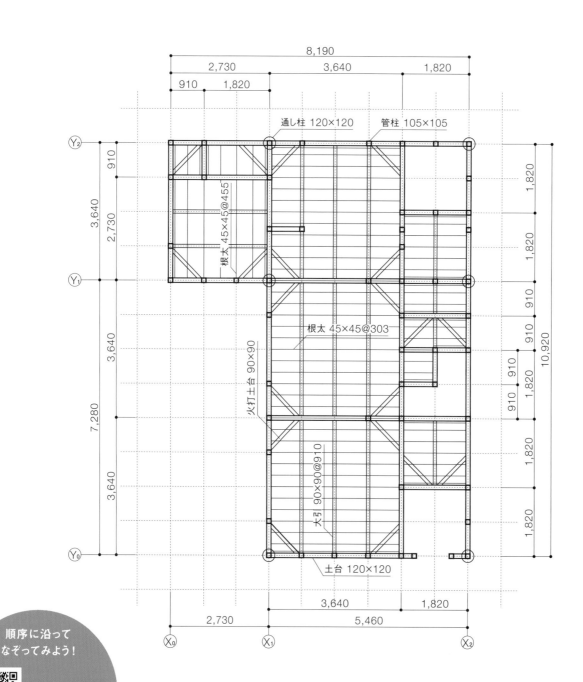

通し柱 120×120 　管柱 105×105

根太 45×45@455

根太 45×45@303

火打土台 90×90

大引 90×90@910

土台 120×120

順序に沿って
なぞってみよう！

構造図 - 2

1階床伏図を
ダウンロード

1階床伏図　S＝1/100

立体図で1階床伏図を見てみよう！

1階床伏図を立体にすると、下のようになります。
それぞれの部材の役割を思い浮かべながら見てみましょう。

通し柱 ： 1階から2階まで
　　　　1本の材で通した柱
管柱　 ： 各階ごとに設ける柱

通し柱　　　　　　2階

管柱　　　　　　　1階

基礎　　土台

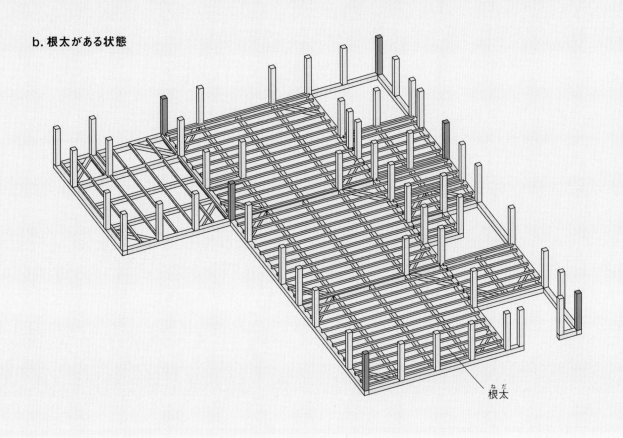

a. 根太がない状態

通し柱
（とおばしら）

火内土台
（ひうちどだい）

管柱
（くだばしら）

土台

大引
（おおびき）

b. 根太がある状態

根太
（ねだ）

（2）1階床伏図

① 壁の中心線

✎ ... 1階平面図を見て、壁の位置を確認し、壁の中心線を描く。

壁の中心線：細線（一点鎖線）

② 土台

✏ ... 壁の中心線に沿って、土台を描く。

断面の大きさ：120×120mm

基礎と土台の材料と描き方の違い

a. 基礎	b. 土台

基礎はコンクリートでつくるため、継ぎ目がない。

土台は木材同士を突き合わせるため、どちらかを勝たせる納まりになる。

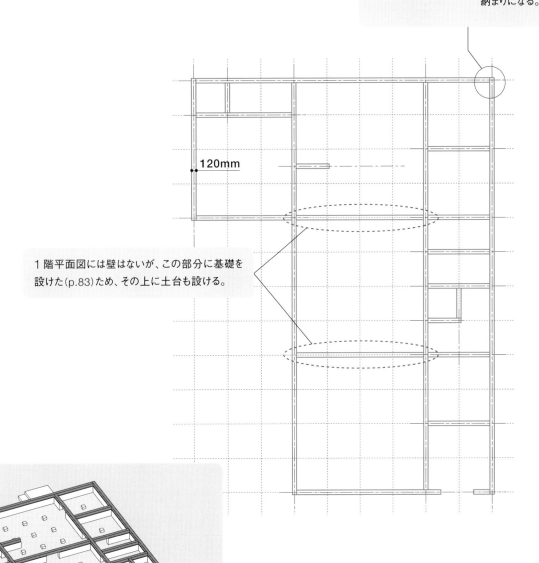

120mm

1階平面図には壁はないが、この部分に基礎を設けた（p.83）ため、その上に土台も設ける。

土台

基礎

※以降、基礎は省略

（2）1階床伏図

③1階の柱

✎ ... 1階平面図を見て、柱の位置を確認し、柱（通し柱、管柱）を描く。

断面の大きさ　　　　　　　太線
・通し柱：120 × 120mm　　⬜ ── 通し柱の記号：細線
・管柱　：105 × 105mm　　⬜──太線

手描きの図面では、縮尺が 1/100 程度であれば、管柱も通し柱と同じ大きさ120×120mm で描く。

通し柱

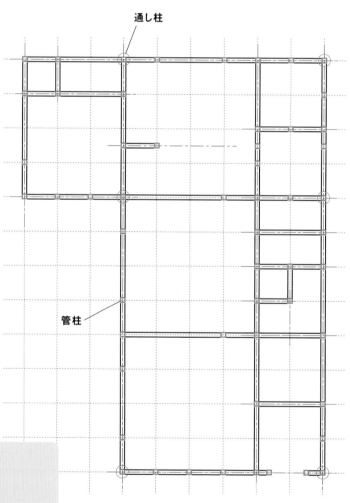

管柱

※以降、中心線は省略

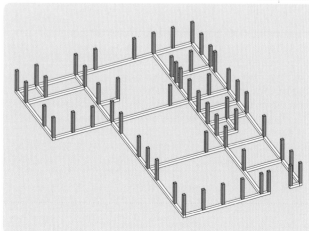

④ 火打土台

✎ … 6〜8帖程度のブロックに分け、それぞれのコーナーに、火打土台を描く。

- **火打土台を設けない部分**：浴室、洗面、トイレなどの水回りの部分

断面の大きさ：90×90mm

このプランでは、部屋の中央に流し台を設けるため、火打土台の位置は関係しません。しかし、流し台を部屋のコーナーに設ける場合は、火打土台の位置に注意が必要です。

なぜ水回りには火打土台を設けないの？

水回りには配管が必要。
配管が火打土台にあたると、配管できない可能性があるため。

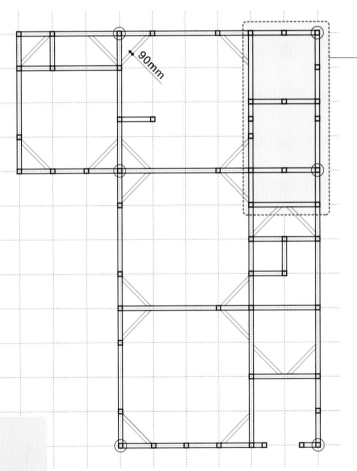

90mm

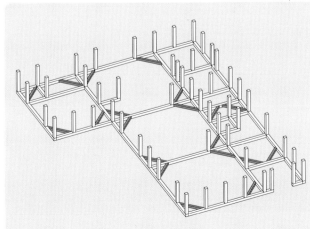

(2) 1 階床伏図

⑤ 大引

✎ ... フローリングの向きを確認し、フローリングの
　　向きに合わせて、大引を描く。

> 断面の大きさ：90 × 90mm
> 大引の間隔　：910mm（1 グリッド）

フローリングの向きと部屋の印象

一般的にフローリングは、長手方向に張ることが多い。

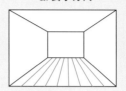

a. 長手方向

奥行き感があり、部屋が
広く感じられる。

b. 短手方向

少し詰まった印象を受ける。

1 階のフローリングの向き

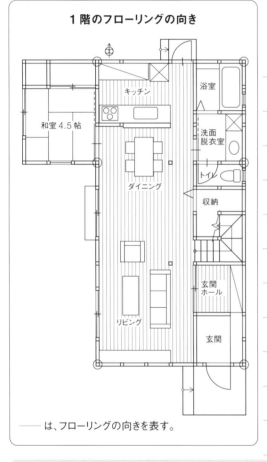

── は、フローリングの向きを表す。

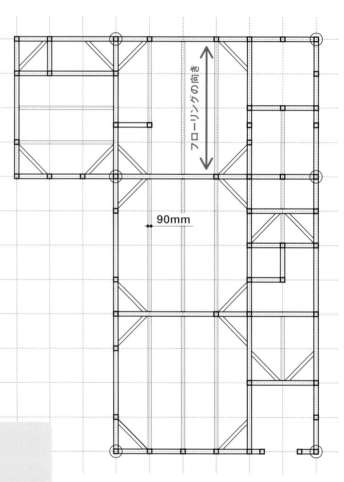

90mm

フローリングの向き

⑥ 根太

✎ ...　それぞれの部屋の内側に、根太を描く。
（床を張る部分）

- ・根太は大引に直交させる。
- ・**根太を設けない部分**：階段、浴室など

> 断面の大きさ：45 × 45mm
> 根太の間隔　：洋室 303mm ／和室 455mm
> 　　　　　　　（1/3 グリッド）　（1/2 グリッド）

きわ根太
フローリングの先端を支えるための部材で、グリッド
に関係なく、壁ぎわに設ける根太のこと。

洋室と和室では、根太の間隔が違う！

a. 洋室
間隔：303mm
1/3 グリッド

b. 和室
間隔：455mm
1/2 グリッド

根太

グリッドを利用して描くと、寸法を測らずに描ける！

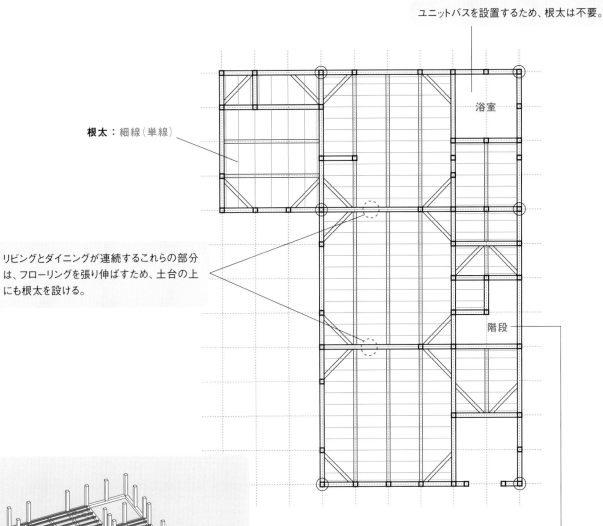

ユニットバスを設置するため、根太は不要。

浴室

根太：細線（単線）

リビングとダイニングが連続するこれらの部分
は、フローリングを張り伸ばすため、土台の上
にも根太を設ける。

階段

階段には床を張らないため、根太は不要。

（2）1階床伏図

⑦ 文字・寸法線 － 完成

✎ ... 右を参考に、文字や寸法線を描く。

1階床伏図に必要な文字や寸法線

a. 部材：・部材名、部材の大きさ、間隔

根太　45×45 @303
部材名 ┤ └ 間隔
部材（断面）の大きさ

> この後もたくさん出てくるので覚えておきましょう！

b. 寸法：・部屋の大きさ（土台の位置）がわかる寸法線
・建物の外形がわかる寸法線
・通り芯の記号（X₀ Y₀など）　など

> 通り芯の説明はp.89を参照。

部屋の大きさ（土台の位置）がわかる寸法線

建物の外形がわかる寸法線

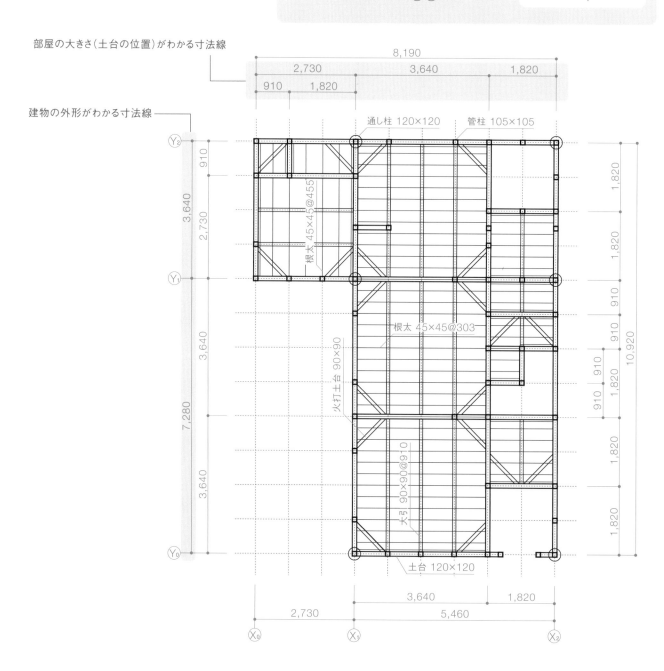

1階床伏図　S＝1/100

📐 扉とフローリングの向きの関係

a. 開き戸：部屋の内外でフローリングの向きは変わらない！

一般的に、開き戸には床面の見切り（下枠）を設けないため、
フローリングを張り伸ばします。
開き戸でフローリングの向きを変えたい場合は、引き戸と同じ
ように下枠を設けます。

> 廊下は、フローリングを短手方向に張ると詰まった印象を
> 受けるため、長手方向に張ることが多い。

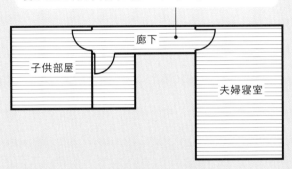

子供部屋　廊下　夫婦寝室

a. 開き戸の場合

b. 引き戸：フローリングの向きを変えられる！

引き戸は、床面に見切り（下枠）を設けるため、フローリング
の向きを変えることができます。

> 引き戸でも、下枠を設けずフローリングを張り伸ばしたい場合は、
> 床面に下枠やレールが不要な「上吊り引き戸」を用います。

b. 引き戸の場合

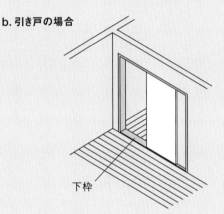

下枠

📐 構造とフローリングの向きの関係

木造在来工法では、フローリングの向きと、1階の大引や2階の床梁の向きを合わせる必要があります。
　　　　　　　　　　　　　　　　　　　　　　　(p.98)　　　(p.107)

床梁をフローリングの向きに合わせると、プランによっては、長い床梁が
必要になり、梁のせいも大きくなります。

せいの大きい梁が接合する部分には、できるだけ柱を設けて、構造に負
担がかからないようにします。

> 建物のデザインに大きく関係しない
> 窓などは、位置をずらして柱を設ける。

そのためには、梁のかけ方を工夫したり、一度配置した柱や窓の位置など
を調整します。

> 梁が接合する部分に柱を設ける。

意匠図と構造図を行ったり来たりすることで、建物の構造にできるだけ
負担がかからない、素敵なプランを考えましょう！

> **近年では、根太を用いない剛床工法
> （根太レス工法）が用いられることも多い**
>
> 床梁を910mm間隔で配置し、その上に厚め
> の合板を留め打ち、その上にフローリングを張っ
> て仕上げる工法。
>
> 根太を用いないため、フローリングの向きを自由
> に決められる。
>
> 根太工法、剛床工法のそれぞれに特徴があり
> ます。
> どちらが良いかではなく、まずは、木造在来工
> 法の基本となる根太工法を見てみましょう。

（3）2 階床伏図

2 階床伏図は、2 階の床組を上から見下ろした図面です。
下の 2 階床伏図と次ページの立体図を見比べて、実際にはどのような構造になっているかをイメージしましょう！

これから、下の完成図を順を追って描き進めます。
床伏図の部材は、基本的に**中太線**で描きますが、柱は断面のため**太線**、根太は**細線**で描きます。
作図を始める前に、線の太さの違いにも注意して見てみましょう。

参考図面

下の図面を参考に
2 階床伏図を描きます。

・1 階平面図
・2 階平面図

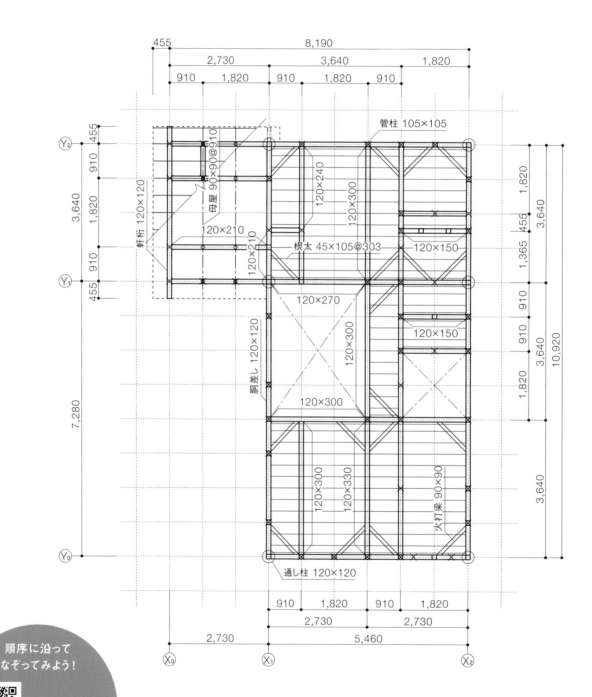

**順序に沿って
なぞってみよう！**

構造図 - 3

2 階床伏図を
ダウンロード

2 階床伏図　S＝1/100

立体図で 2 階床伏図を見てみよう！

2 階床伏図を立体にすると、下のようになります。
それぞれの部材の役割を思い浮かべながら見てみましょう。

a. 根太と垂木（下屋部分）がない状態

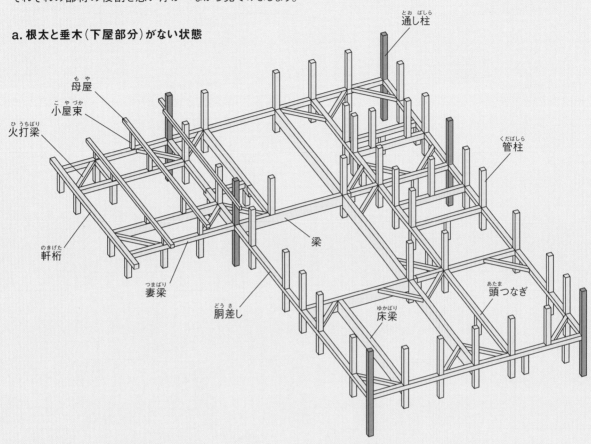

b. 根太と垂木（下屋部分）がある状態

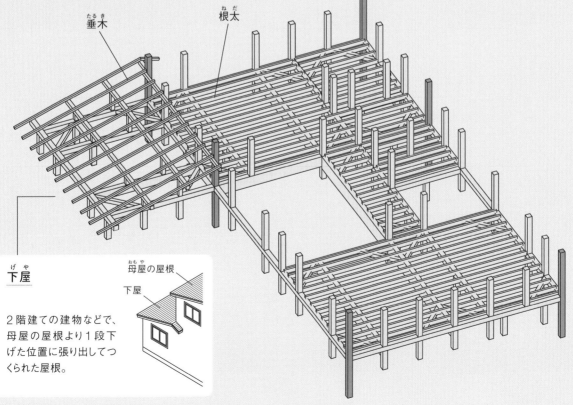

> **下屋（げや）**
>
>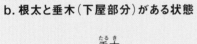
>
> 2 階建ての建物などで、母屋の屋根より 1 段下げた位置に張り出してつくられた屋根。

（3）2 階床伏図

① 1 階の壁の中心線

✎... 1 階平面図を見て、壁の位置を確認し、壁の中心線を描く。

② 胴差し

✎... 2 階平面図を見て、外壁の位置を確認し、外壁の中心線に沿って、胴差しを描く。

断面の大きさ： 120 × 120mm

（幅） （せい）

> 1 階に大きな窓を設ける場合や、2 階に大きな梁が必要で、胴差しがその梁を受ける場合には、後で胴差しのせいを大きくする。(p.110 参照)

③ 通し柱

✎... 2 階平面図を見て、通し柱の位置を確認し、通し柱を描く。

断面の大きさ： 120 × 120mm
通し柱の記号： □

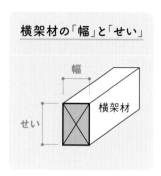

横架材の「幅」と「せい」

> 下屋（1 階の屋根）については p.114 で説明します。

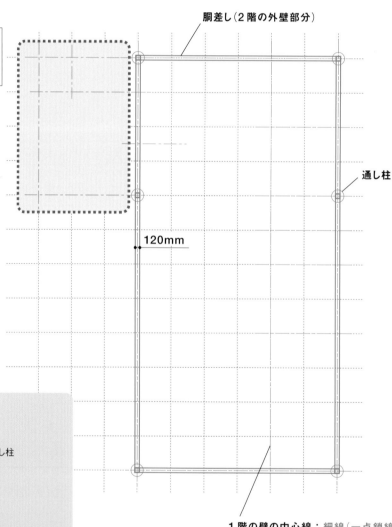

胴差し（2 階の外壁部分）

通し柱

120mm

1 階の壁の中心線：細線（一点鎖線）

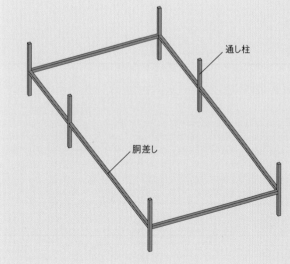

通し柱

胴差し

④ 頭つなぎ

✐ ... 1階の壁の中心線に沿って、頭つなぎを描く。

> 　　　　　幅　　せい
> 断面の大きさ：120 × 120mm

⑤ 1階の柱

✐ ... 1階平面図を見て、柱の位置を確認し、柱の記号を描く。

> 1階の柱の記号： ✕

> 1階の柱は、2階の床組では見えない部材ですが、梁の納まりを検討するときに必要になるため、記号で表します。

⑥ 2階の壁の中心線

✐ ... 2階平面図を見て、壁の位置を確認し、壁の中心線を描く。

・1階の壁と重なる部分は、すでに描かれているので省略。

・**壁以外にも中心線を描くところ：**手すり（腰壁）、将来増設予定の壁

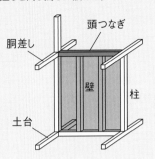

1階の頭つなぎを忘れずに！

壁をつくるためには、柱の頂部をつなぐ横架材（頭つなぎ）が必要。そのため、2階床組には、1階の壁の頭つなぎが現れる。（頭つなぎは胴差しと同じ高さに設ける）

頭つなぎ
胴差し
壁
柱
土台

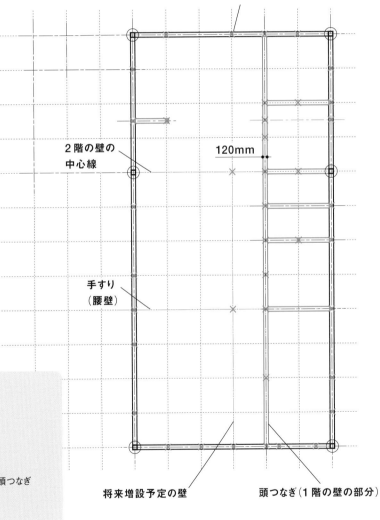

1階の柱
2階の壁の中心線
120mm
手すり（腰壁）
将来増設予定の壁
頭つなぎ（1階の壁の部分）

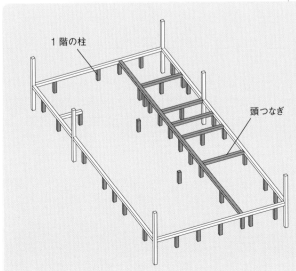

1階の柱
頭つなぎ

(3) 2階床伏図

⑦ 2階の梁

手すり(腰壁)も含む。

✐ ... 2階の壁の中心線に沿って、梁を描く。

（2階に壁があるのに、1階には壁がないところ）

断面の大きさ：120mm × 梁のスパン(長さ)などによる
（幅）（せい）

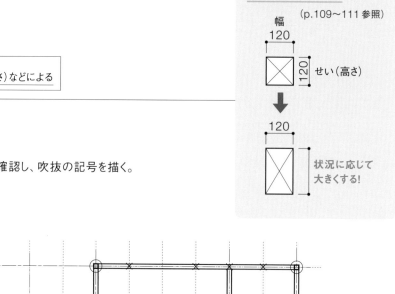

梁のせいは、スパンなどに応じて大きくする！

(p.109～111 参照)

幅 120 / せい(高さ) 120

↓

120 / 状況に応じて大きくする！

⑧ 吹抜の記号

✐ ... 2階平面図を見て、吹抜と階段の位置を確認し、吹抜の記号を描く。

吹抜の記号： ✕ 細線 / 一点鎖線

吹抜部分には、火打梁や根太を設けないため、間違えないように、この段階で描いておきます。

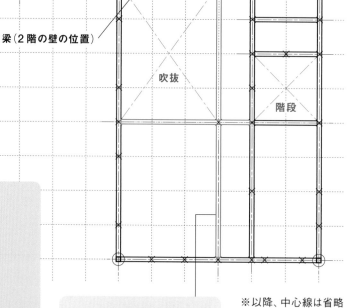

梁（2階の壁の位置）

吹抜

階段

将来増設予定の壁
壁を増設する予定がある場合は、あらかじめ梁を設けておく。

※以降、中心線は省略

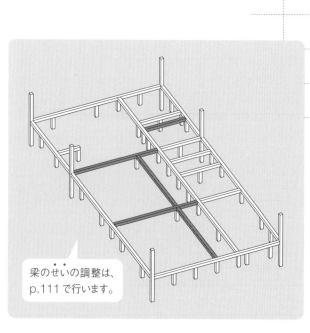

梁のせいの調整は、p.111で行います。

⑨ 2階の床梁

✏ ... フローリングの向きに合わせて、床梁を描く。

・床梁の配置は、部屋ごとに検討する。
・できるだけ、床梁が接合する部分に1階の柱があるところを選んで配置する。

断面の大きさ：120mm × 梁のスパン（長さ）などによる	
床梁の間隔 ：1,820mm 以下	(p.109〜111 参照)

※断面の大きさ：120mm の上に「幅」、梁のスパンの上に「せい」

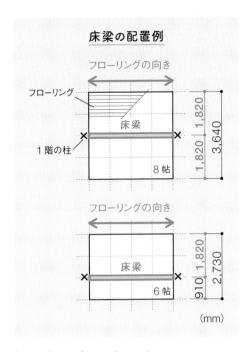

床梁の配置例

フローリングの向き
フローリング
床梁
1階の柱
8帖
1,820 / 1,820 / 3,640

フローリングの向き
床梁
6帖
910 / 1,820 / 2,730

(mm)

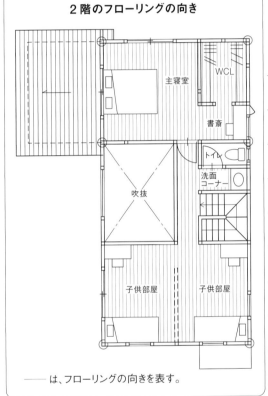

2階のフローリングの向き

主寝室　WCL　書斎　トイレ　洗面コーナー　吹抜　子供部屋　子供部屋

—— は、フローリングの向きを表す。

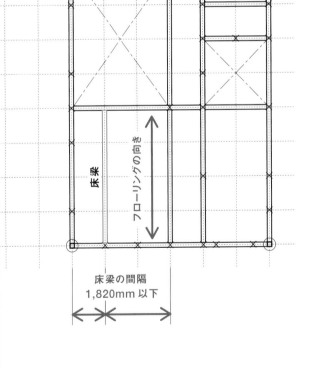

床梁　床梁　床梁

フローリングの向き

床梁の間隔
1,820mm 以下

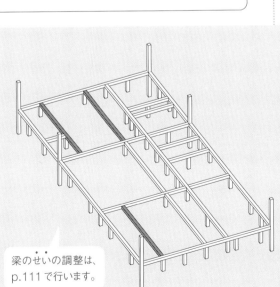

梁のせいの調整は、
p.111 で行います。

⑩ 2 階の柱（管柱）

✏ ... 2 階平面図を見て、柱（管柱）の位置を確認し、柱を描く。

> 断面の大きさ：105 × 105mm　☐ 太線
> 手描きの図面では、縮尺 1/100 程度であれば、通し柱と同じ大きさ **120 × 120mm** で描く。

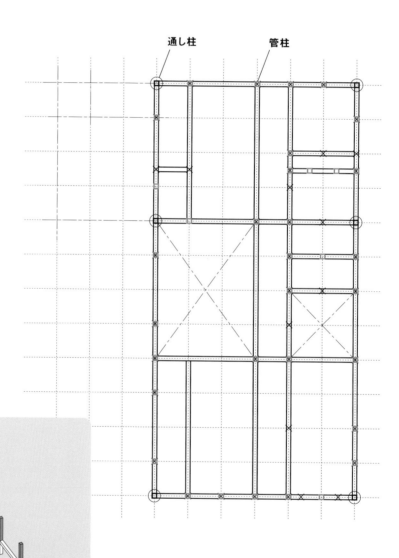

通し柱　　　管柱

⑩ 2 階の柱（管柱）

⑪ 梁のせいの調整

梁のスパンが 1,820mm 以下の梁の大きさ： 120 × 120mm
（幅　せい）

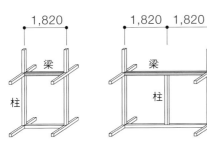
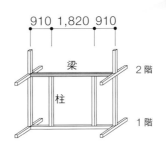

柱の支えがない部分（スパン）が 1,820mm 以下であれば、梁の**せい**を**調整する必要がない**ということ！

120 × 120mm のまま！

⑪梁のせいの調整

1. 梁のせいの調整方法

梁のスパンが 1,820mm を超える場合は、梁のせい（高さ）を大きくする。
梁が柱や梁を受ける場合も、状況に応じて梁のせいを大きくする。

梁の長さ（スパン）	床を支えるのみ 柱・梁の配置例	柱や梁を受ける（2本以内） 柱・梁の配置例	柱や梁を受ける（3本以上） 柱・梁の配置例
1,820	120 × 120	120 × 150	120 × 180
2,730	120 × 240	120 × 270	120 × 300
3,640	120 × 300	120 × 330	120 × 360

→ +30　　→ +30　　(mm)

せいを大きくした梁を受ける部材にも影響が！?

梁の幅は変えずに、せい（高さ）のみを調整する！

（3）2 階床伏図

2. 梁を受ける部材の調整方法

大きな梁を受ける部分に柱があれば、梁のせいにかかわらず
問題なく接合することができる。

柱がない場合はどうするの？

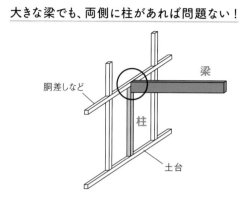

大きな梁でも、両側に柱があれば問題ない！

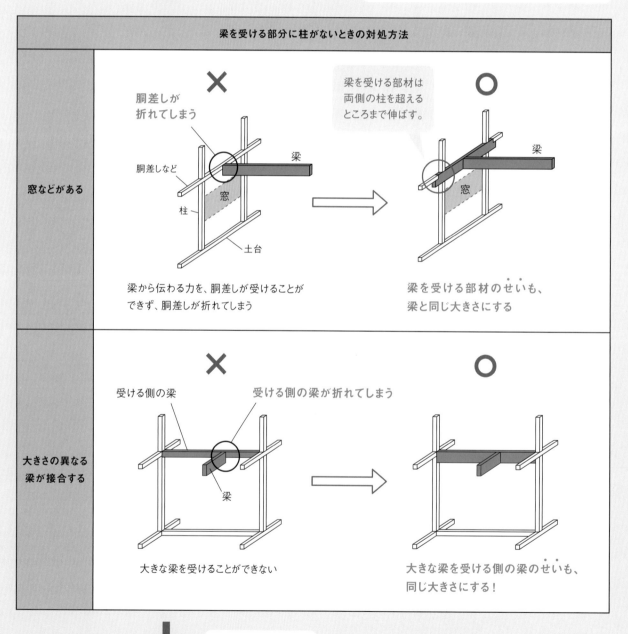

今回のプランではどう？

⑪梁のせいの調整

3. 実際のプランでは、どのような調整が必要かをチェックする

1. の表(p.109)を見て、梁の状況に応じて梁の大きさ(せい)を調整する。

- ・梁の長さは?
- ・梁の下に、1階の柱(×)はある?
- ・梁の上に、2階の柱(□)はある?
- ・異なる梁が接合している?

2. の表(前ページ)を見て、梁が接合する部分に問題がないか、調整が必要かを確認する。

a. 梁の両側部分
- ・梁の両側に1階の柱(×)はある?

b. 梁同士が接合する部分
- ・せいの異なる梁が接合している?

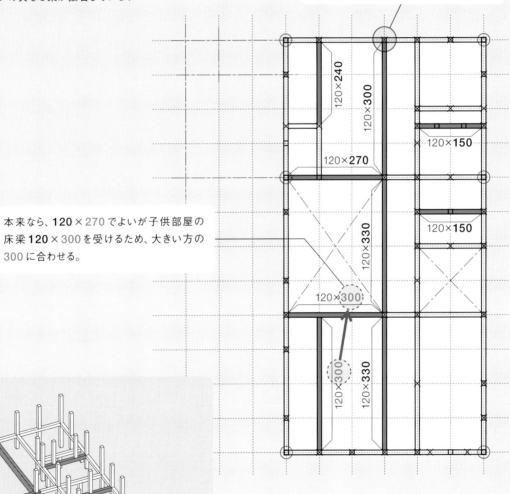

せいが大きい梁でも、柱があるので問題ない。

本来なら、**120**×270でよいが子供部屋の床梁**120**×**300**を受けるため、大きい方の**300**に合わせる。

寸法などは最後に描くため、ここでは検討のみとします。

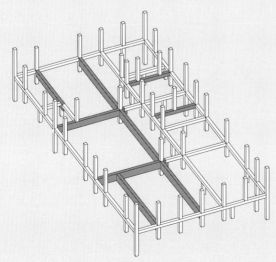

（3）2階床伏図

⑫ 火打梁

✎ … 6〜8帖程度のブロックに分け、それぞれのコーナーに、火打梁を描く。

・**火打梁を設けない部分** ： 吹抜、階段、浴室、洗面、トイレなど

断面の大きさ：90 × 90mm

なぜ火打梁を設けないの？

・**吹抜**
格好が悪い。
構造を兼ねたデザインとして設けることもある。

・**階段**
階段の途中に火打梁があると、頭があたる。

・**水回り（洗面、トイレなど）**
配管ができない場合がある。
（p.97 参照）

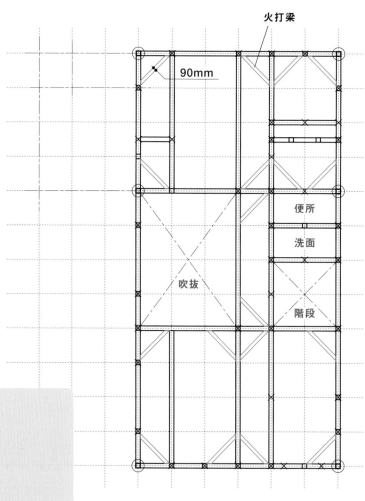

火打梁

90mm

便所

洗面

階段

吹抜

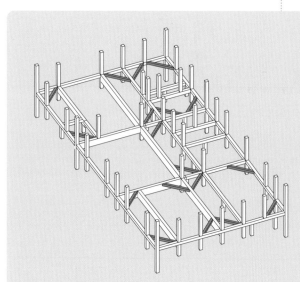

⑬ 根太

✏ ... それぞれの部屋の内側に、根太を描く。
（床を張る部分）

断面の大きさ：45 × 105mm
根太の間隔　：303mm（1/3 グリッド）

・グリッドを利用して、寸法を測らずに描く。（p.99 右上図参照）
・根太は床梁に直交させる。

📐 1階と2階では、
　　根太の大きさが違う!

2階の床組は、根太を支える部材の間隔が1階に比べて大きいため、根太の断面（せい）を大きくする必要があります。

a. 2階の根太

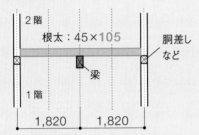

根太：45×105
梁
胴差しなど
2階
1階
1,820　1,820

根太を支える梁の間隔が 1,820mm のため、根太が折れないようにせいを大きくする。

b. 1階の根太

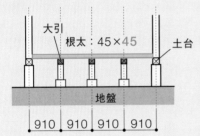

大引
根太：45×45
土台
地盤
910　910　910　910

根太を支える大引の間隔が 910mm のため、細い部材で大丈夫。

根太：細線（単線）　　　きわ根太：細線

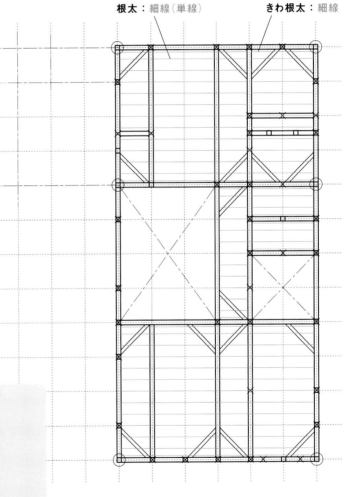

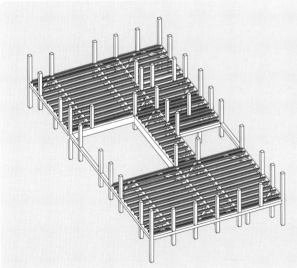

（3）2階床伏図

⑭1階小屋伏図（下屋部分）

小屋伏図の詳しい描き方は、p.118〜128を参照。

✏1 ... **軒桁、妻梁、頭つなぎを描く。**

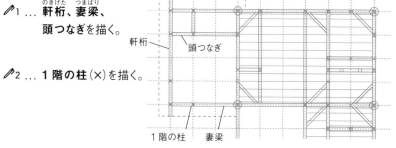

軒桁 ／ 頭つなぎ

1階の柱 ／ 妻梁

✏2 ... **1階の柱（×）を描く。**

✏3 ... **小屋梁を描く。**

・小屋梁が接合する胴差しのせいを、小屋梁のせいに合わせる。

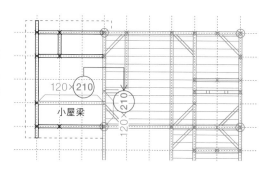

120×210 ／ 120×210

小屋梁

✏4 ... **火打梁を描く。**

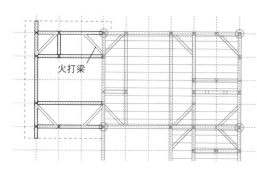

火打梁

✏5 ... **小屋束を描く。**

| 記号：〇 |
| 間隔：母屋に沿って 1,820mm以下 |

小屋束

✏6 ... **母屋を描く。**

| 線の種類：——・—— 一点鎖線 |
| 間隔：910mm |

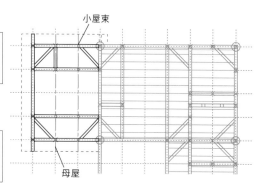

母屋

✏7 ... **垂木を描く。**

| 線の種類：—— 実線 |
| 間隔：455mm |

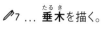

垂木

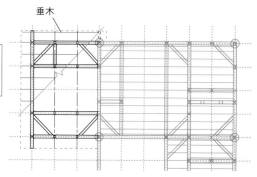

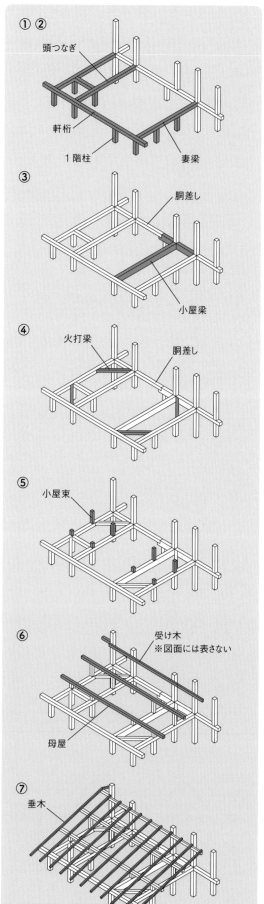

① ②
頭つなぎ ／ 軒桁 ／ 1階柱 ／ 妻梁

③
胴差し ／ 小屋梁

④
火打梁 ／ 胴差し

⑤
小屋束

⑥
受け木 ※図面には表さない ／ 母屋

⑦
垂木

⑮ 文字・寸法線 − 完成

✏️ ... 右を参考に、文字や寸法線を描く。

2 階床伏図に必要な文字や寸法線

部材名などの描き方は p.100 を参照。

a. 部材 ：・部材名、部材の大きさ、間隔
　　　　　・せいを大きくした梁の範囲と大きさ (左下参照)

b. 寸法 ：・部屋、吹抜の大きさがわかる寸法線
　　　　　・梁、頭つなぎの位置がわかる寸法線
　　　　　・下屋の軒の出、けらばの出がわかる寸法線
　　　　　　　　(左下参照)
　　　　　・建物の外形がわかる寸法線
　　　　　・通り芯の記号 (X₀)(Y₀)など) 　など　　通り芯の説明は p.89 を参照。

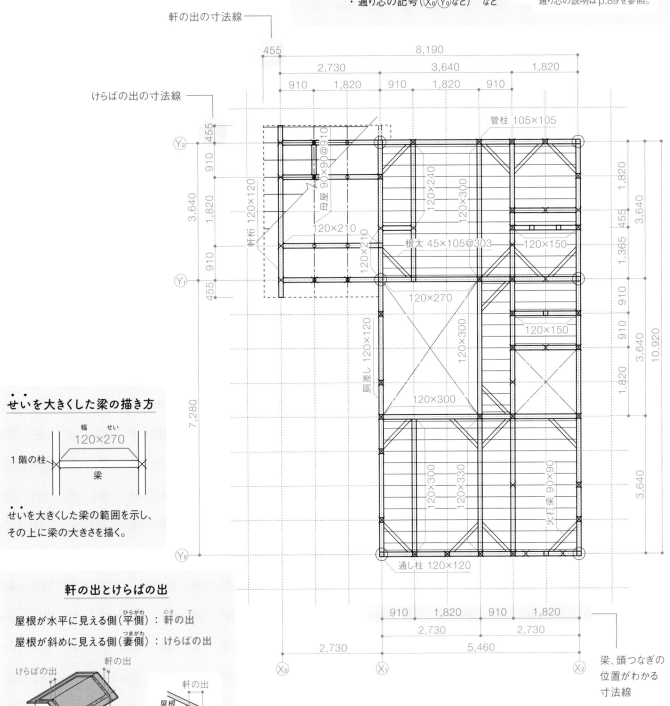

せいを大きくした梁の描き方

幅　せい
120×270

1 階の柱　梁

せいを大きくした梁の範囲を示し、
その上に梁の大きさを描く。

軒の出とけらばの出

屋根が水平に見える側(平側)：**軒の出**
屋根が斜めに見える側(妻側)：**けらばの出**

けらばの出　軒の出
妻側　平側

軒の出
屋根
壁

2 階床伏図　S = 1/100

7 小屋伏図を描く

（1）小屋組のしくみ

小屋組のしくみを知ることで、小屋伏図の理解が深まります。
それぞれの部材の役割を思い浮かべながら、図面を描き進めましょう。

小屋組とは？ ：屋根をつくるための骨組み。

小屋組の役割：屋根を支え、その荷重を柱に伝える。

> 小屋組の荷重には、小屋組自体の重さ、
> 瓦などの屋根葺き材の重さなどがあります。

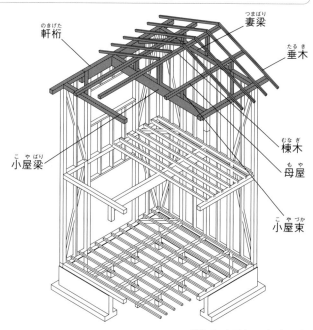

例）和小屋組・切妻屋根

1. 和小屋組と洋小屋組の違いとその特徴

和小屋組と洋小屋組では、部材に働く力が異なる。

a. 和小屋組

主に、住宅などの規模が小さい建物に用いられる。

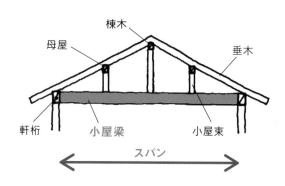

b. 洋小屋組

主に、学校や図書館などの比較的規模が大きい
建物に用いられる。

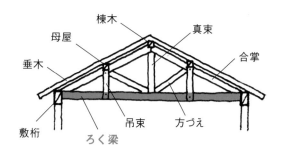

和小屋組の特徴

屋根の荷重をすべて小屋梁が受ける。

スパンを大きくするのは難しい！

スパンが大きくなるほど、小屋梁の断面も大きくなる。

洋小屋組の特徴

部材を三角形（トラス）に組むことで、屋根の荷重を小屋
組全体で吸収する。

トラスの数を増やしても（スパンが大きくなっても）ろく梁に
負担がかからない。

スパンを大きくして、大きな空間をつくることができる！

スパンを大きくしても、ろく梁の断面の大きさは変わらない。
ただし、スパンが大きくなると、小屋組全体の荷重が大きくなるため、
柱を大きくする必要がある。

2. 屋根の形状

住宅では、下の3種類の屋根が多く用いられる。

a. 切妻屋根（きりづま）　　b. 寄棟屋根（よせむね）　　c. 片流れ屋根（かたながれ）

3. 小屋組の構造 （和小屋の場合）

切妻屋根と寄棟屋根の構造の違いがわかれば、ほとんどの屋根の形状に対応できる!
母屋（青色の部材）を見比べて、構造の違いを理解しよう!

a. 切妻屋根

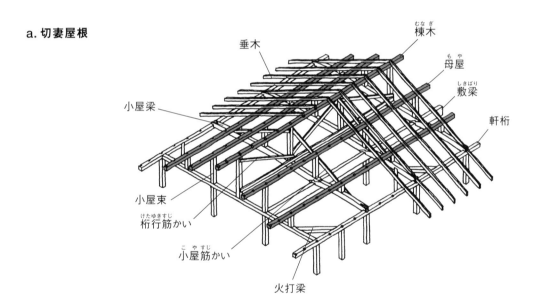

垂木　棟木（むなぎ）　母屋（もや）　敷梁（しきばり）　軒桁　小屋梁　小屋束　桁行筋かい（けたゆきすじ）　小屋筋かい（こやすじ）　火打梁

b. 寄棟屋根

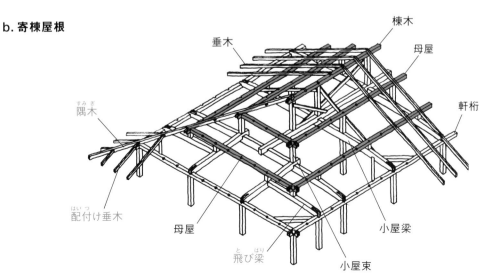

垂木　棟木　母屋　軒桁　隅木（すみぎ）　配付け垂木（はいつけ）　母屋　飛び梁（とびばり）　小屋束　小屋梁

※青文字は、寄棟屋根をつくるために必要な部材

（2）小屋伏図

小屋伏図は、小屋組を上から見下ろした図面です。
下の小屋伏図と次ページの立体図を見比べて、実際にはどのような構造になっているかを
イメージしましょう！

これから、下の完成図を順を追って描き進めます。
小屋伏図の部材は、基本的に**中太線**で描きますが、垂木は**細線**で描きます。
作図を始める前に、線の太さの違いにも注意して見てみましょう。

参考図面

下の図面を参考に
小屋伏図を描きます。

・2階平面図

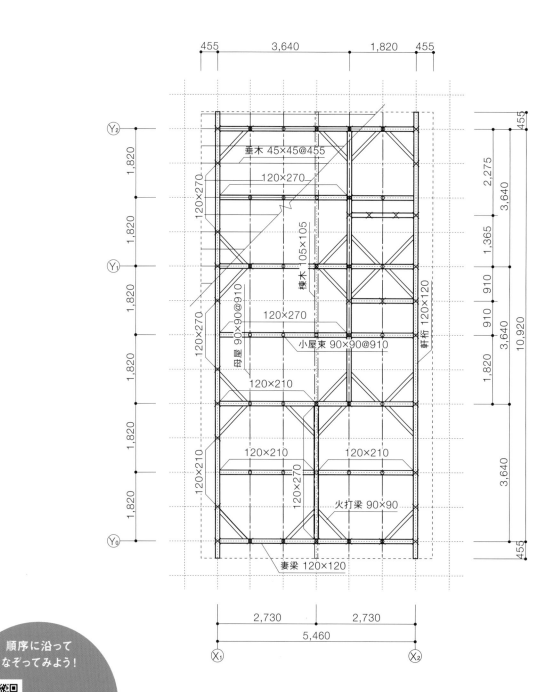

小屋伏図　S = 1/100

順序に沿って
なぞってみよう！

構造図 - 4

小屋伏図を
ダウンロード

立体図で小屋伏図を見てみよう！

小屋伏図を立体にすると、下のようになります。
それぞれの部材の役割を思い浮かべながら見てみましょう。

a. 垂木と母屋（一部）がない状態

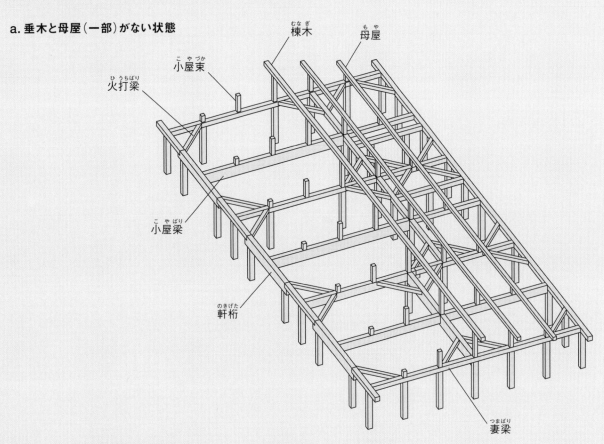

棟木（むなぎ）
母屋（もや）
小屋束（こやづか）
火打梁（ひうちばり）
小屋梁（こやばり）
軒桁（のきげた）
妻梁（つまばり）

b. 垂木（一部）と母屋がある状態

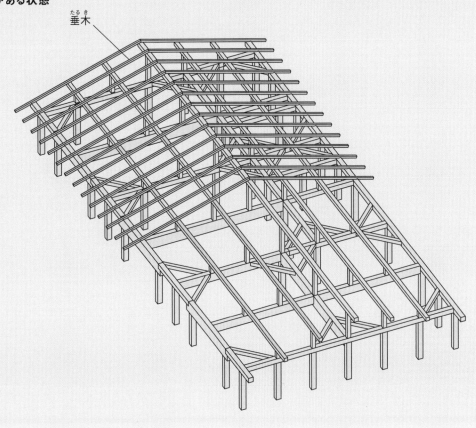

垂木（たるき）

（2）小屋伏図

① 2階の壁の中心線

✏ … 2階平面図を見て、壁の位置を確認し、壁の中心線を描く。

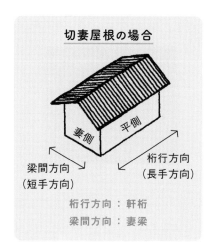

切妻屋根の場合

梁間方向（短手方向）

桁行方向（長手方向）

妻側　平側

桁行方向：軒桁
梁間方向：妻梁

> 一見同じ部材に見えますが、桁行方向と梁間方向で、部材名も役割も異なります。

② 軒桁・妻梁

✏ … 外壁の中心線に沿って、軒桁と妻梁を描く。

> 幅　せい
> 断面の大きさ：120 × 120mm

> 大きな梁が接合する場合は、その部分のせいを大きくする！（p.110 参照）

③ 屋根の外形線

✏ … 外壁の中心線から外側に 455mm 出た
　　ところに、屋根の外形線を描く。

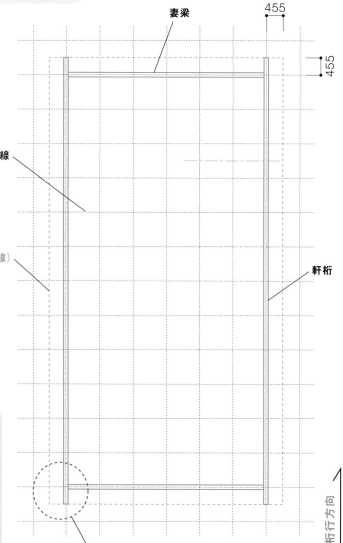

妻梁

455

455

2階の壁の中心線

屋根の外形線：細線（点線）

軒桁

切妻屋根の場合は、軒桁を屋根の外形線まで伸ばす。

桁行方向

梁間方向

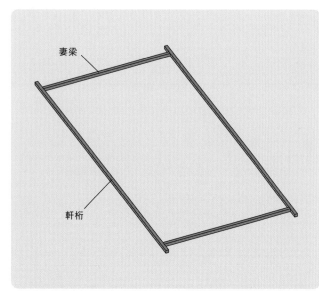

妻梁

軒桁

④ 頭つなぎ

✏ ... 壁の中心線に沿って、頭つなぎを描く。
(p.105 参照)

> 断面の大きさ：120 × 120mm
> 幅　せい

⑤ 2階の柱

✏ ... 2階平面図を見て、柱の位置を確認し、柱の記号を描く。

・小屋組では、通し柱かどうかは関係ないので、通し柱の記号 ◯ は不要。

> 2階の柱の記号：✕

2階の柱は、小屋組では見えない部材ですが、小屋梁の納まりの検討をするときに必要になるため、記号で表します。

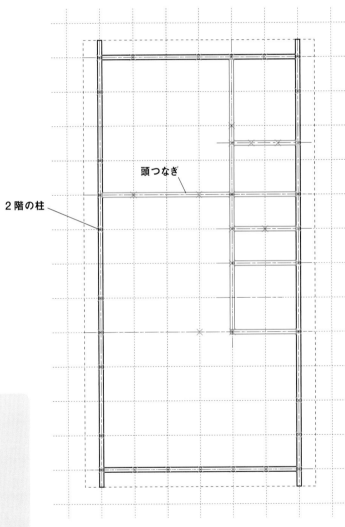

頭つなぎ

2階の柱

※以降、中心線は省略

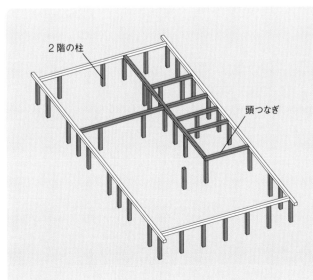

2階の柱

頭つなぎ

（2）小屋伏図

⑥ 小屋梁

✎ … 小屋梁の間隔が 1,820mm 以下になるように、
小屋梁を配置する。

断面の大きさ：120mm × スパンによる

小屋梁のスパンとせい

小屋梁のスパンが 1,820mm を超える場合は、
小屋梁のせいを大きくする。

スパン （梁の長さ）	120 せい
1,820	幅　せい 120 × 120
2,730	120 × 210
3,640	120 × 270

(mm)

小屋梁は、2 階の梁に比べて、梁にかかる荷重
が小さいため、せいの値も小さくなる。

2 階の梁の表（p.109）と見比べてみましょう。
せいがそれぞれ −30mm ずつ小さくなっています。

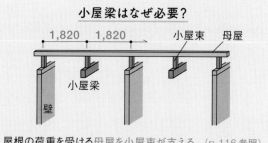

小屋梁はなぜ必要？

屋根の荷重を受ける母屋を小屋束が支える。（p.116 参照）
（小屋束は、1,820mm 以下の間隔になるように配置する）

小屋束を設けるには？

壁があるところには、小屋束を立てることができるが、壁が
ない場合には、小屋梁を設けて、その上に小屋束を立てる。

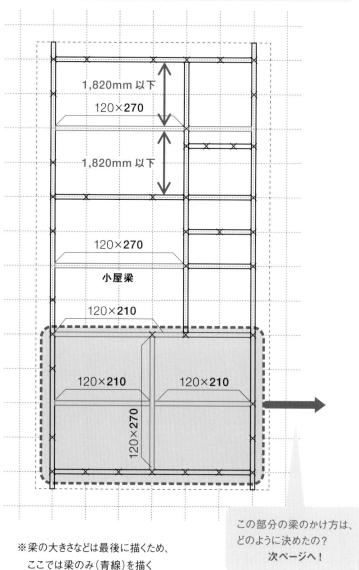

※梁の大きさなどは最後に描くため、
　ここでは梁のみ（青線）を描く

この部分の梁のかけ方は、
どのように決めたの？
次ページへ！

　📐 2階に大きな部屋がある場合、小屋梁をどのように配置する？

小屋組をつくるために小屋梁を設けたいけれど、2階の部屋の大きさや向きによっては、とても長い小屋梁が必要になる場合があります。しかし、小屋梁の長さにも限度があります。
小屋梁の向きを工夫して、無理のない配置を考えましょう。

1本の梁の長さは 4,550mm 以下にする！（2級建築士試験は 3,640mm 以下）

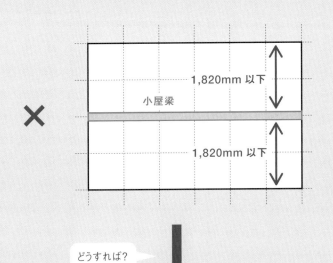

小屋梁の間隔は 1,820mm 以下に収まっているが、これでは梁が長すぎる。

どうして長すぎるとダメなの？
・とても大きな樹木が必要になる
・運搬できない
・コストがかかりすぎる
・梁を受ける柱も大きくする必要がある　など

どうすれば？

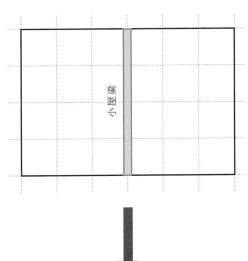

① 短手方向に梁をかける。

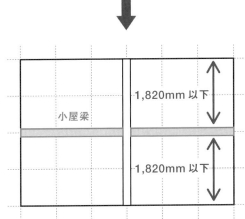

② 長手方向に、小屋梁の間隔が 1,820mm 以下になるように梁をかける。

こうすれば、構造に負担をかけることなく、コストもかからずに梁をかけることができますね！

2階に梁を設ける場合も同じように考える！

（2）小屋伏図

⑦ 軒桁のせいの調整

1）小屋梁が接合する部分に、2階の柱が
あるかどうかを確認する。

2）柱がない場合は、受ける側の部材のせい
を小屋梁のせいに合わせる。
（妻梁などでも同様）

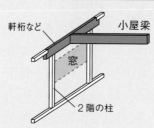

小屋梁の両端に柱がない場合はどうする？

軒桁など　小屋梁
窓
2階の柱

小屋梁が接合する部分に
柱があるので問題ない！

軒桁など　小屋梁
2階の柱

小屋梁を受ける部材のせいも、
小屋梁と同じ大きさにする。
梁を受ける部材は両側の柱を超
えるところまで伸ばす。

実際には、これほど細かく継ぎ分けない！

せいを大きくする部材の間隔が狭い場合は、継ぎ分けず、
せいの大きいもので通すことが多い。

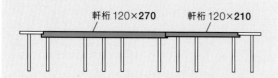

軒桁 120×270　　軒桁 120×210

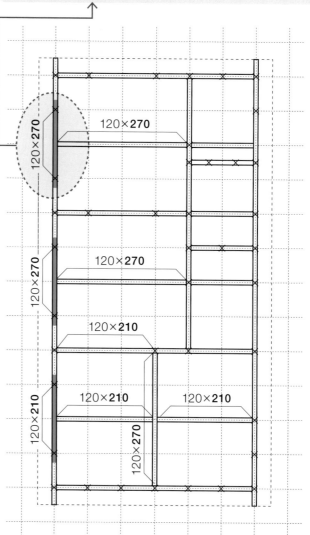

120×270
120×270
120×270
120×210
120×210
120×210
120×210
120×270

※寸法などは最後に描くため、ここでは検討のみを行う

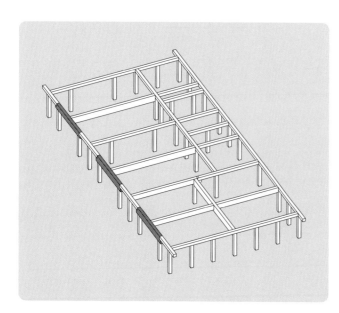

⑧ 火打梁

✎ ... 6～8帖程度のブロックに分け、それぞれのコーナーに、火打梁を描く。

・2階の床組と違い、配管などの問題がないため、全体にバランスよく火打梁を配置する。

断面の大きさ：90 × 90mm

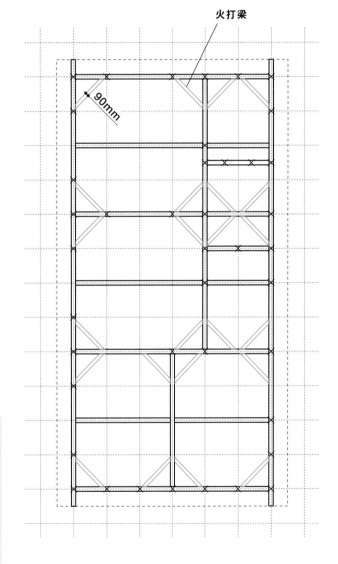

火打梁

90mm

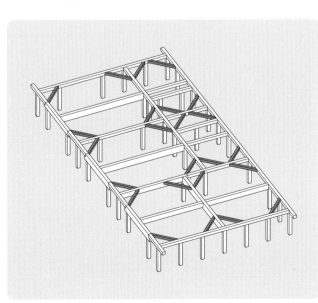

（2）小屋伏図

⑨ 小屋束

✏ ... 屋根の形状に応じて、小屋束を描く。

・小屋束のそれぞれの高さは、屋根の形状と勾配による。

断面の大きさ	： 90×90mm
小屋束の間隔	： 梁間方向　910mm
	桁行方向 1,820mm 以下
小屋束の記号	： ○

小屋束　　小屋梁など

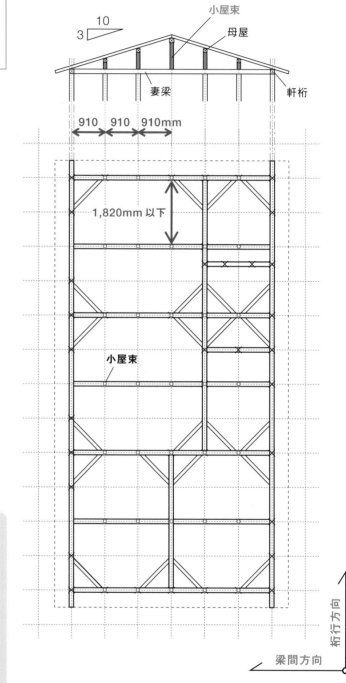

10
3

小屋束
母屋
妻梁
軒桁

910　910　910mm

1,820mm 以下

小屋束

桁行方向
梁間方向

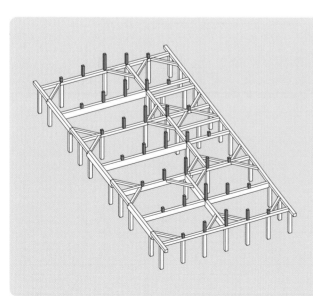

⑩ 母屋・棟木

屋根の頂部は、母屋ではなく棟木といいます。

✏ … 屋根の形状に応じて、母屋と棟木を描く。

母屋 ：垂木を支える水平材
断面の大きさ：90×90mm
母屋の間隔 ：910mm
　　　　　　　（1グリッド）
線の種類 ：————・————
　　　　　　　一点鎖線（1本線）

棟木 ：屋根の頂部の水平材
断面の大きさ：105×105mm
線の種類 ：————・————
　　　　　　　一点鎖線（2本線）

⑪ 垂木

✏ … 屋根の形状に応じて、垂木を描く。

・垂木をすべて描くと、小屋組が見えなくなるため、
　一部分のみを描く。

垂木
断面の大きさ：45×60mm
垂木の間隔 ：455mm（1/2グリッド）
線の種類 ：————————細線
　　　　　　　実線（1本線）

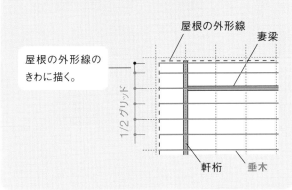

垂木の描き方

グリッドを利用すると、寸法を測らずに描ける！

屋根の外形線の
きわに描く。

屋根の外形線
妻梁
1/2グリッド
軒桁　　垂木

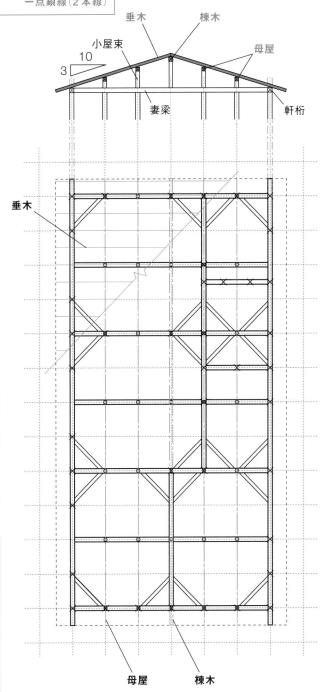

垂木　　棟木
小屋束　　　　　　母屋
妻梁　　　　　　軒桁
垂木

母屋　　棟木

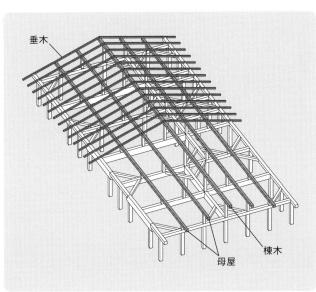

垂木
棟木
母屋

（2）小屋伏図

⑫ 文字・寸法線 − 完成

✏ ... 右を参考に、文字や寸法線を描く。

小屋伏図に必要な文字や寸法線

部材名などの描き方は p.100 を参照。

a. 部材：・部材名、部材の大きさ、間隔

b. 寸法：・小屋梁、頭つなぎの位置がわかる寸法線
・軒の出、けらばの出がわかる寸法線
・建物の外形がわかる寸法線
・通り芯の記号（X_0 Y_0 など）　など

通り芯の説明は p.89 を参照。

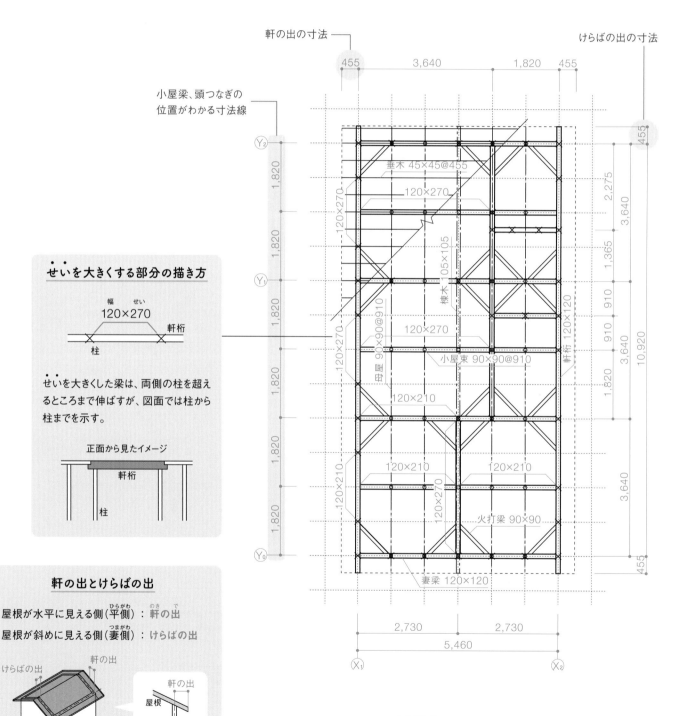

軒の出の寸法

けらばの出の寸法

小屋梁、頭つなぎの
位置がわかる寸法線

455　3,640　1,820　455

455

2,275

3,640

垂木 45×45@455

120×270

棟木 105×105

120×270

120×270

1,365

910

910

軒桁 120×120

120×270

母屋 90×90@910

120×270

小屋束 90×90@910

3,640

10,920

1,820

120×210

120×210

120×210

120×210

120×270

火打梁 90×90

455

妻梁 120×120

2,730　2,730

5,460

X_1　X_2

Y_2　1,820　1,820　Y_1　1,820　1,820　1,820　Y_0

せいを大きくする部分の描き方

幅　せい
120×270　軒桁

柱

せいを大きくした梁は、両側の柱を超え
るところまで伸ばすが、図面では柱から
柱までを示す。

正面から見たイメージ

軒桁

柱

軒の出とけらばの出

屋根が水平に見える側（平側）：**軒の出**

屋根が斜めに見える側（妻側）：**けらばの出**

けらばの出　軒の出

軒の出

屋根

壁

妻側　平側

小屋伏図　S = 1/100

L字形の屋根がわかれば、ほとんどの屋根の形状に対応できる！

一見複雑な小屋組ですが、切妻屋根と寄棟屋根のしくみを知れば、
それほど難しくありません。
その他の屋根もそれらの応用です。
切妻屋根と寄棟屋根の違いを見てみましょう。

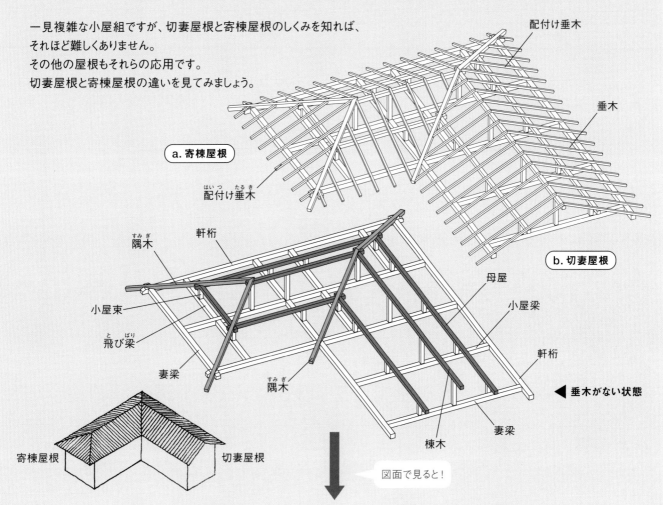

- 配付け垂木
- 垂木
- a. 寄棟屋根
- 配付け垂木（はいつけたるき）
- b. 切妻屋根
- 隅木（すみぎ）
- 軒桁
- 小屋束
- 飛び梁（とびばり）
- 妻梁
- 隅木（すみぎ）
- 母屋
- 小屋梁
- 軒桁
- 垂木がない状態
- 妻梁
- 棟木
- 寄棟屋根　　切妻屋根

図面で見ると！

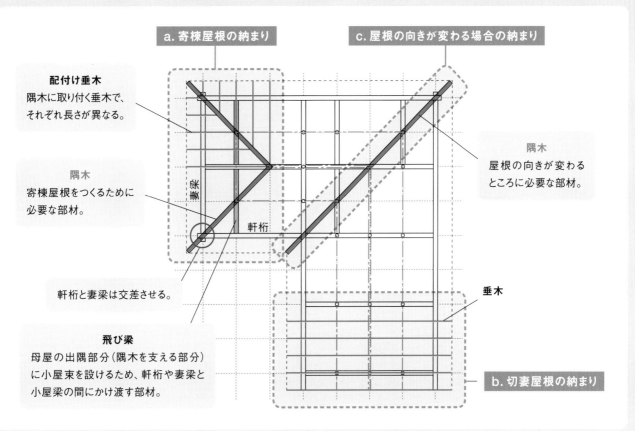

a. 寄棟屋根の納まり

c. 屋根の向きが変わる場合の納まり

配付け垂木
隅木に取り付く垂木で、
それぞれ長さが異なる。

隅木
寄棟屋根をつくるために
必要な部材。

妻梁

軒桁

軒桁と妻梁は交差させる。

飛び梁
母屋の出隅部分（隅木を支える部分）
に小屋束を設けるため、軒桁や妻梁と
小屋梁の間にかけ渡す部材。

隅木
屋根の向きが変わる
ところに必要な部材。

垂木

b. 切妻屋根の納まり

（1）軸組のしくみ

軸組のしくみを知ることで、軸組図の理解が深まります。
それぞれの部材の役割を思い浮かべながら、図面を描き進めましょう。

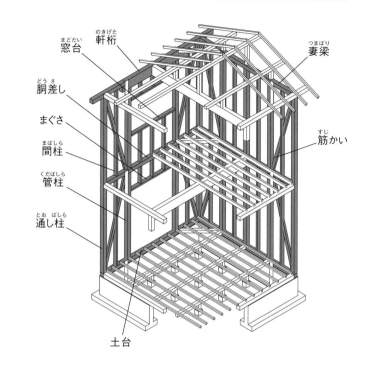

軸組とは？ ：壁をつくるための骨組み。

軸組の役割 ：屋根や床の荷重を、柱を通して基礎に伝える。
地震や台風などの外部の力に抵抗し、建物の崩壊防ぐ。

1. 壁の種類

a. 大壁
おおかべ

柱を板材で覆い、室内に柱が現れない構造。
主に洋室や廊下など、和室以外の壁に用いられる。
近年ではモダンなイメージの和室も増え、壁を大壁にすることも多い。

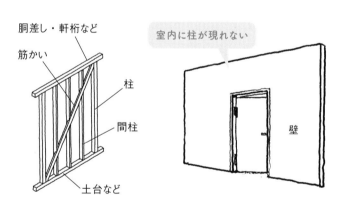

b. 真壁
しんかべ

柱と柱の間に壁をつくり、室内に柱が現れる構造。
主に和室に用いられる。

貫を用いる構造は、木造伝統建築物に多く見られる。
一般的には、間柱や筋かいを細くして壁を薄くすることが多い。

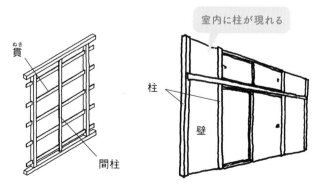

2. 荷重の流れ

荷重は上から下へ、スムーズに伝達することが望ましい。

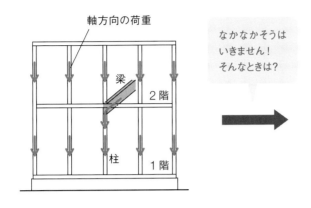

柱の下に柱または梁との接合部に柱があれば、
荷重はスムーズに伝達される。

なかなかそうは
いきません！
そんなときは？

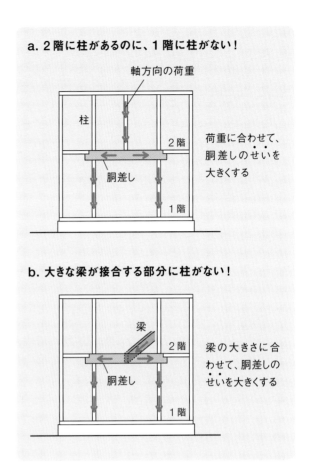

a. 2階に柱があるのに、1階に柱がない！

軸方向の荷重

柱

2階

胴差し

1階

荷重に合わせて、
胴差しのせいを
大きくする

b. 大きな梁が接合する部分に柱がない！

梁

2階

胴差し

1階

梁の大きさに合
わせて、胴差しの
せいを大きくする

3. 筋かいの配置

筋かいは、地震や台風などで建物に揺れが生じた場合に、軸組が変形しないように補強する部材。
どの方向の揺れにも抵抗できるように、全体にバランスよく配置する。

	平面	立面
良い例	全体にバランスよく配置されている。	左右それぞれの傾きの筋かいが、同じ数になるように配置されているため、バランスがよい。
悪い例	片側に集中している。 / 中央部分にしかない。	柱に負担がかかる。 / 右側から力がかかると簡単に変形してしまう。 / 左右のバランスが悪い。 / 梁に負担がかかり、折れてしまう。

（2）軸組図

軸組図は、軸組（壁の骨組み）を正面から見た図面です。
まず、次ページ右上の「軸組図と通り芯」で、下の軸組図がどの壁を表しているかを確認します。
次に、下の軸組図と次ページの立体図を見比べて、実際にはどのような構造になっているかを
イメージしましょう！

これから、下の完成図を順を追って描き進めます。
軸組図の部材は、基本的に**中太線**で描きますが、建物の形状により切断面がある場合は、
その部分を**太線**で描きます。
作図を始める前に、線の太さの違いにも注意して見てみましょう。

参考図面

下の図面を参考に
軸組図を描きます。

・1階平面図
・2階平面図
・西立面図
・基礎伏図
・1階床伏図
・2階床伏図
・小屋伏図

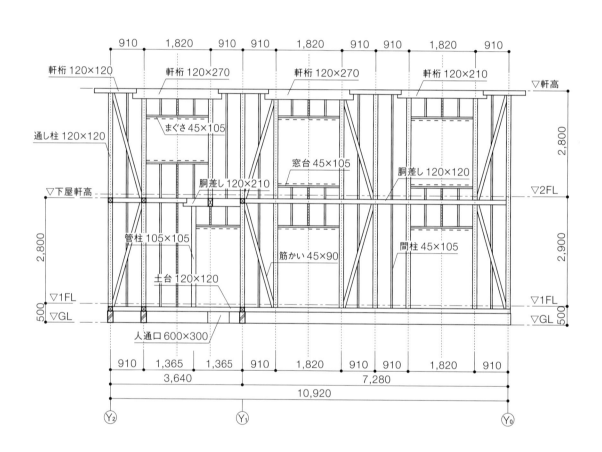

X₁ 通り

軸組図　S = 1/100

順序に沿って
なぞってみよう！

構造図 - 5

軸組図を
ダウンロード

立体図で軸組図を見てみよう!

軸組図を立体にすると、下のようになります。
それぞれの部材の役割を思い浮かべながら見てみましょう。

軸組図と通り芯

軸組図は、通り芯の記号でその壁の位置を表す。

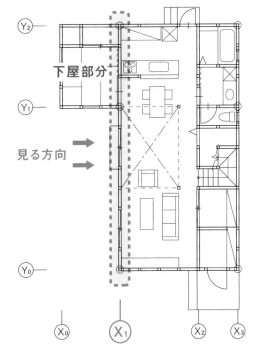

下屋部分

見る方向

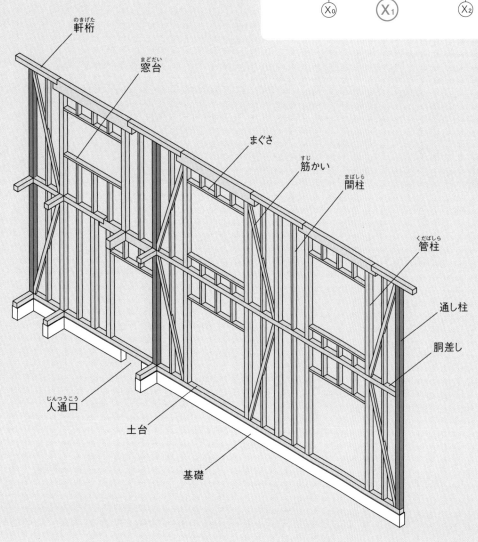

のきげた
軒桁

まどだい
窓台

まぐさ

すじ
筋かい

まばしら
間柱

くだばしら
管柱

通し柱

胴差し

じんつうこう
人通口

土台

基礎

（2）軸組図

① 基準線

✎ ... 地盤面（GL）、各階の高さ（階高）、下屋の軒高に、基準線を描く。

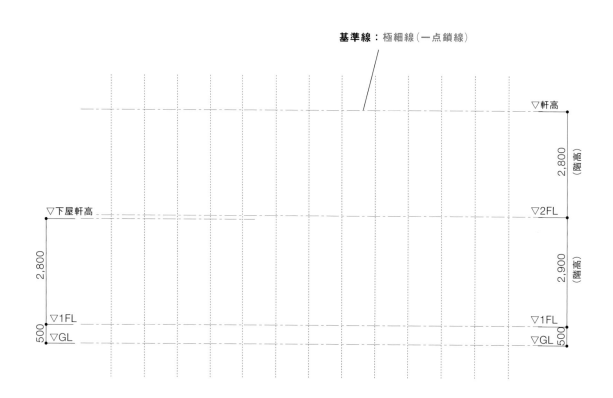

基準線：極細線（一点鎖線）

▽軒高

2,800（階高）

▽下屋軒高

▽2FL

2,800

2,900（階高）

▽1FL

500

▽GL

▽1FL

▽GL

500

② 基礎・土台・軒桁・通し柱・胴差し

✎1 ... GLから300mm上がったところに、**基礎**の天端の線を描く。

✎2 ... 基礎の上に、**土台**を描く。

✎3 ... 軒桁の天端が軒高になるように、**軒桁**を描く。
　　　・切妻屋根の場合は、軒桁を屋根の先端(けらばの出) まで伸ばす。

✎4 ... 1階または2階平面図を見て、通し柱の位置を確認し、**通し柱**を描く。

✎5 ... 2FLから100mm下がったところに、**胴差し**を描く。

断面の大きさ:
120×120mm

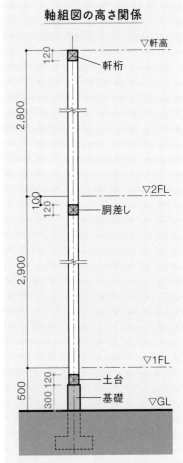

軸組図の高さ関係

けらばの出

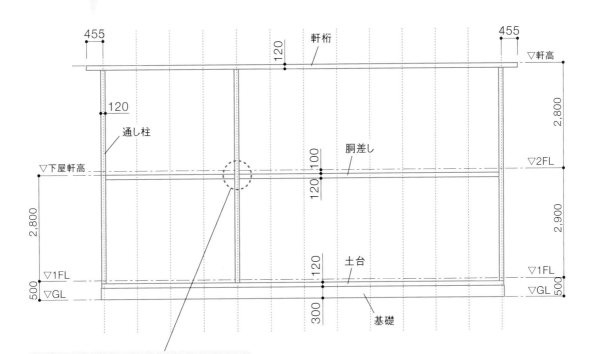

胴差しが、通し柱を突っ切らないように注意する。

（2）軸組図

③ 管柱・人通口

✐1 … 1階と2階平面図を見て、管柱の位置を確認し、**管柱**を描く。

> 断面の大きさ：105×105mm
> 手描きの図面では、縮尺1/100程度であれば、
> 通し柱と同じ大きさ**120×120mm**で描く。

✐2 … 基礎伏図を見て、人通口の位置を確認し、**人通口**を描く。

> 開口部の大きさ：600×300mm程度

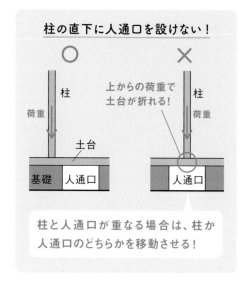

柱の直下に人通口を設けない！

○ 柱 荷重 土台 基礎 人通口

× 上からの荷重で土台が折れる！ 柱 荷重 人通口

柱と人通口が重なる場合は、柱か人通口のどちらかを移動させる！

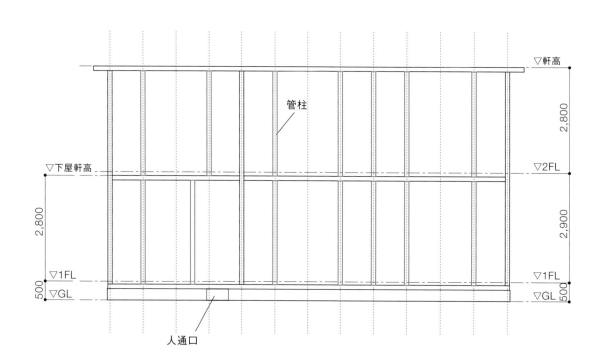

▽軒高
2,800
▽2FL
管柱
▽下屋軒高
2,800
▽1FL
500 ▽GL
人通口

2,900
▽1FL
500 ▽GL

④ 下屋部分

✍1 … 基礎伏図と1階床伏図を見て、下屋部分の基礎と土台の
位置を確認し、それぞれの断面を描く。

a. 基礎
・地上部分の基礎の断面を太線
で描く。
・コンクリートの記号（3本斜線）
を極細線で描く。

b. 土台

断面の大きさ：120×120mm
太線—⊠—極細線

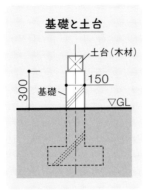

基礎と土台

土台（木材）
150
300
基礎
▽GL

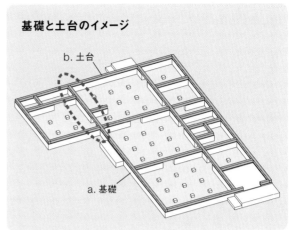

基礎と土台のイメージ

b. 土台
a. 基礎

✍2 … 2階床伏図を見て、下屋部分の妻梁、小屋梁、頭つなぎの
位置と大きさ（せい）を確認し、それぞれの断面を描く。

断面の大きさ	
c. 妻梁	：120×120mm
d. 頭つなぎ	：120×120mm
e. 小屋梁	：120×せいは2階床伏図で確認する

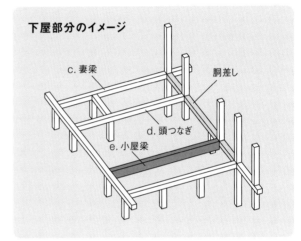

下屋部分のイメージ

c. 妻梁
胴差し
d. 頭つなぎ
e. 小屋梁

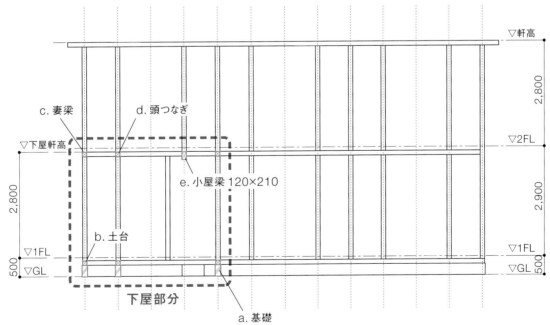

c. 妻梁　　d. 頭つなぎ

▽軒高
2,800
▽2FL
2,900
▽1FL
500
▽GL
500

▽下屋軒高
2,800
▽1FL
500
▽GL

e. 小屋梁 120×210

b. 土台

下屋部分

a. 基礎

（2）軸組図

⑤ 胴差しのせいの確認

✎ … 下屋の小屋梁が接合する部分の胴差しのせいを、
小屋梁のせいと同じ大きさにする。

胴差しのせいの調整後のイメージ

胴差し 120×210

小屋梁 120×210

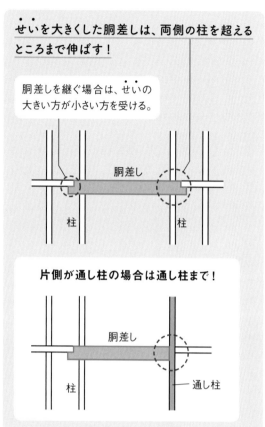

**せいを大きくした胴差しは、両側の柱を超える
ところまで伸ばす！**

胴差しを継ぐ場合は、せいの
大きい方が小さい方を受ける。

柱　　胴差し　　柱

片側が通し柱の場合は通し柱まで！

柱　　胴差し　　通し柱

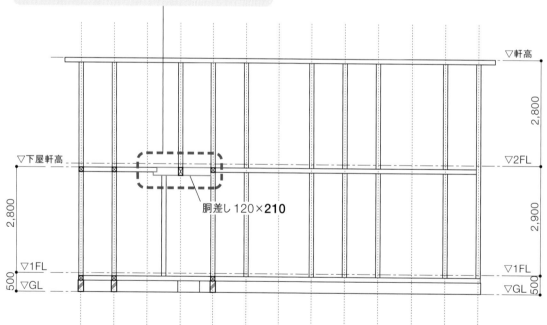

▽軒高

2,800

▽下屋軒高

2,800

胴差し 120×210

▽2FL

2,900

▽1FL

500 ▽GL

▽1FL

500 ▽GL

⑥ 軒桁のせいの調整

✎… 小屋伏図を見て、軒桁のせいを大きくした部分を確認し、同じ大きさに変更する。

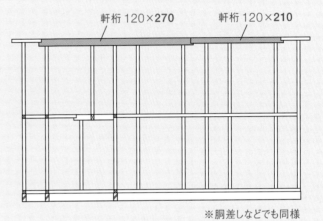

軒桁のせいの調整、実際にはどう対応する？

一番下の図面のように、軒桁を細かく継ぎ分けると、かえって手間がかかるため、実際には下のように同じせいで通すことが多い。

軒桁 120×270　　軒桁 120×210

※胴差しなどでも同様

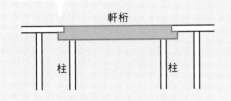

せいを大きくした軒桁は、両側の柱を超えるところまで伸ばす！

せいの大きい方が小さい方を受ける。

軒桁

柱　　　柱

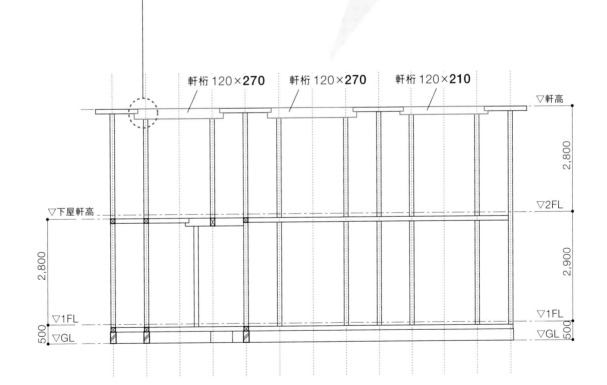

軒桁 120×**270**　　軒桁 120×**270**　　軒桁 120×**210**

軸組図　S＝1/100 ●　139

（2）軸組図

⑦ まぐさ・窓台

✏1 ... 立面図や断面図を見て、窓の位置と大きさを
確認し、**窓の大きさ**を点線で描く。

✏2 ... 窓の大きさを表す点線から上下に50mmずつ
ずらした位置に、**まぐさ**と**窓台**を描く。

　　　　窓の上の部材　窓の下の部材

断面の大きさ
a. まぐさ：45 × 105mm
　　（開口部の幅が 1,820mm 程度までの場合）
b. 窓台 ：45 × 105mm

開口部の幅が大きく、まぐさが長くなる場合は、
長さに応じて断面（せい）を大きくする。

窓の大きさの描き方

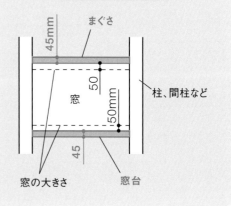

窓の大きさは、一般的に
窓の上端の高さから下に
向かって高さを測る。

まぐさと窓台の描き方

建物の外観をすっきりさせるために、窓の上端の高さを合わせる
ことが多い。その場合、窓の上端の位置に補助線を引いておくと、
窓の高さをスムーズに測ることができる。

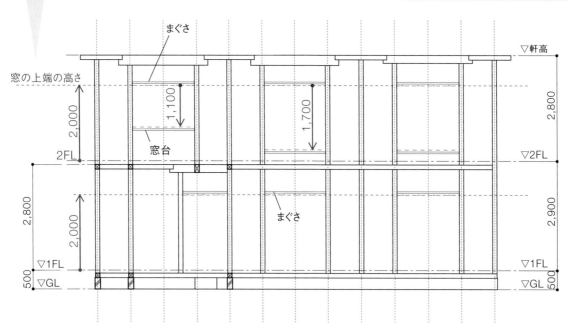

⑧ 筋かい

✎... 窓以外の壁の部分に、筋かいをバランスよく配置する。

（「3. 筋かいの配置」(p.131)を参照）

筋かいの納まり

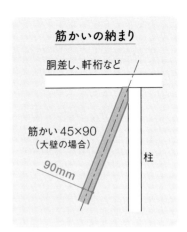

断面の大きさ：45×90mm

・筋かいの強度は、30×90、45×90、90×90mm など、
　断面が大きくなるほど強くなる。
・木材の代わりに鉄筋などを用いることもある。

筋かいは、すべての壁に設けるのではなく、必要な量を
バランスよく配置することが大切です。

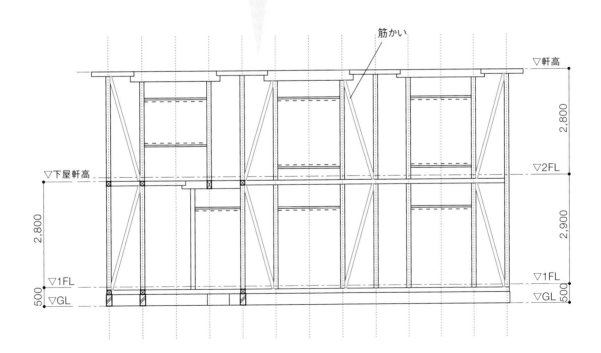

（2）軸組図

⑨ 間柱

✏️ … 柱と柱の間に、間柱を描く。

・まぐさと窓台の上下にも間柱を描く。

> 断面の大きさ：45×105mm
> 間柱の間隔 ：455mm（1/2グリッド）
> （間柱は1本線で描く場合もある）

筋かいと間柱が交差する部分に注意！

筋かいと間柱が交差する場合は、
間柱を切り欠いて筋かいを通す。

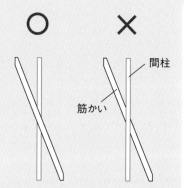

○ ×

間柱

筋かい

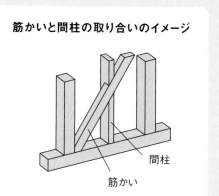

筋かいと間柱の取り合いのイメージ

間柱

筋かい

筋かいは、建物の強度に関わる部材！
間柱は、壁をつくるための補助材！
筋かいが勝つ‼

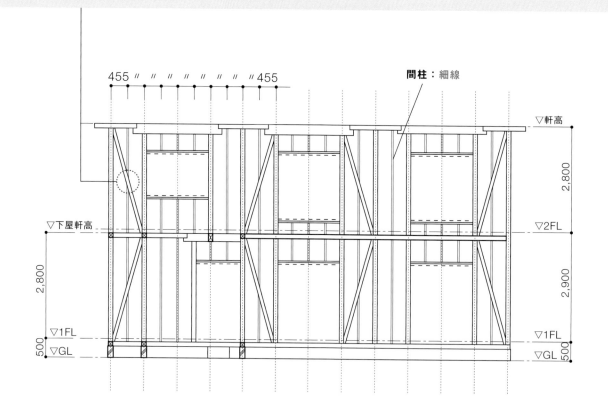

間柱：細線

455 〃 〃 〃 〃 〃 〃 〃455

▽軒高

▽下屋軒高

2,800

▽1FL
500 ▽GL

2,800

2,900

▽軒高

▽2FL

▽1FL
▽GL 500

⑩ 文字・寸法線 − 完成

✐... 右を参考に、文字や寸法線を描く。

軸組図に必要な文字や寸法線

a. 部材 :・部材名、部材の大きさ   部材名などの描き方はp.100を参照。

b. 寸法 :・高さ関係がわかる寸法線
　　　　　・柱の位置がわかる寸法線
　　　　　・建物の外形(壁の長さ)がわかる寸法線
　　　　　・通り芯の記号(X_0 Y_0など)　　など   通り芯の説明はp.89を参照。

柱の位置がわかる寸法線

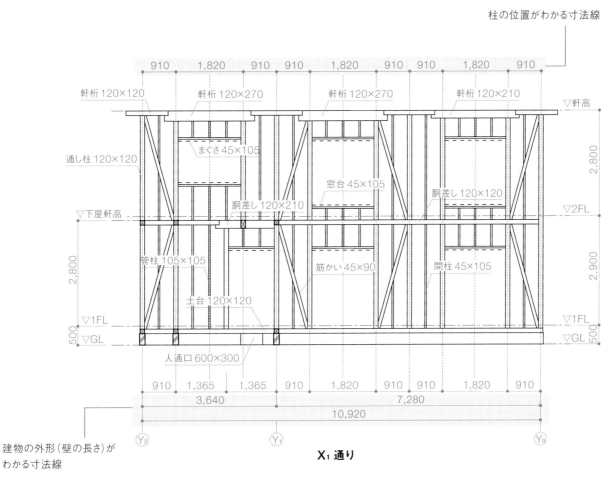

建物の外形(壁の長さ)が
わかる寸法線

X₁通り

軸組図　S = 1/100

9 矩計図を描く

（1）Plan_A（本文）の矩計図

2級建築士の製図試験では、正解の一例として
p.155の矩計図が示されています。

しかし矩計図は、平面図、立面図、床伏図などの図面と整合性がとれていることが大切です。
必ずしも正解例通りの図面を描かなければならないというわけではありません。

ぜひ思い通りのプランを考え、それに応じた矩計図を描いてみましょう。

> 本書の矩計図は縮尺1/30で表していますが、手描きで描くには少し小さいため、縮尺1/20で矩計図を描いてみましょう。
> （2級建築士の試験も縮尺1/20で描きます）

S＝1/20の矩計図（A3サイズ）をダウンロードできます！

順序に沿って
なぞってみよう！

構造図-6

矩計図（本文）を
ダウンロード

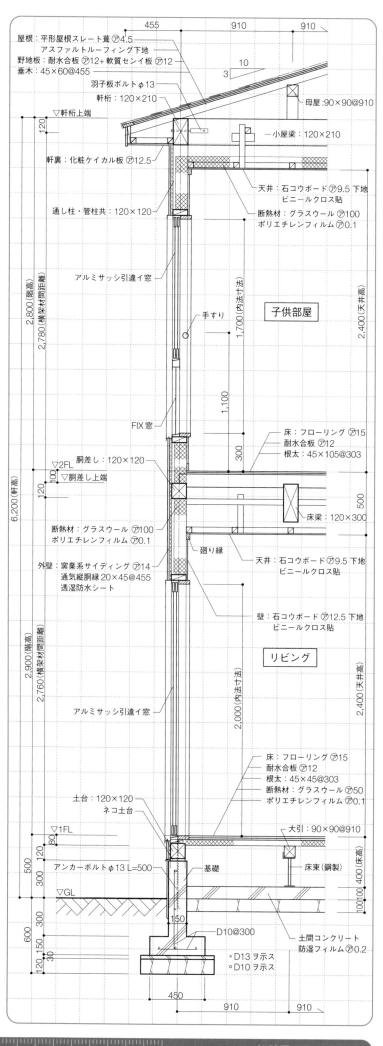

矩計図　S＝1/30 ●

矩計図の切断面の位置と見る方向

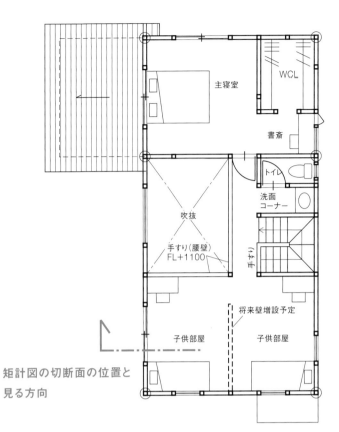

2階平面図

矩計図の切断面の位置と
見る方向

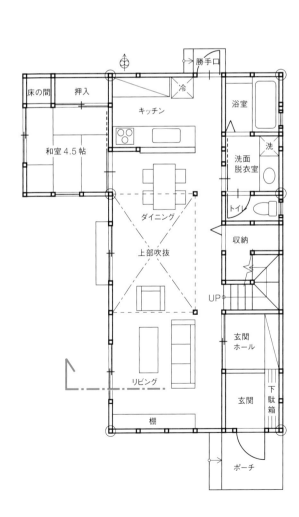

1階平面図

(1) Plan_A(本文)の矩計図

① 基準線・中心線・柱・屋根勾配の補助線

✎... 図1を参考に、高さ関係の基準線と壁の中
心線、柱、屋根勾配の補助線を**薄線**で描く。

図1 グリットと寸法

グリッドを利用すると、
寸法を測らずに描ける!

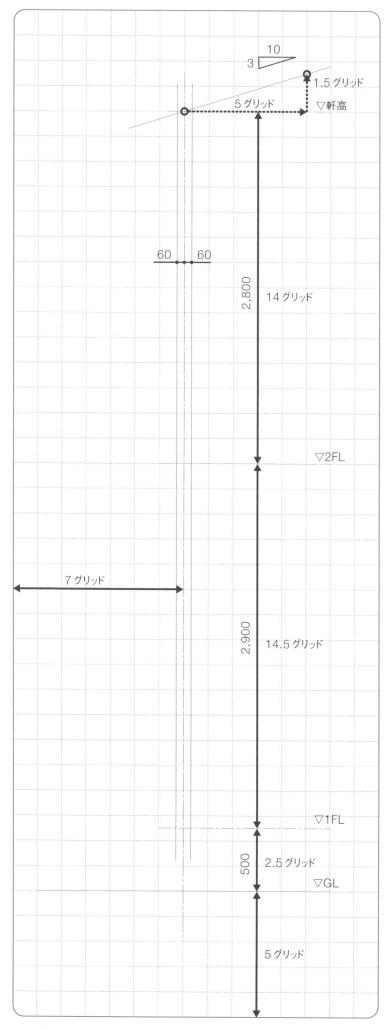

(1) Plan_A（本文）の矩計図

② 基礎・土台・胴差し・軒桁・垂木・
まぐさ・窓台・天井高・寸法線（一部）

✏1 … 図2を参考に、基礎と土台を描く。

✏2 … 表1を参考に、それぞれの部材を描く。

✏3 … 垂木、天井高を**細線**で描く。

✏4 … 寸法線を**細線**で描く。
（寸法線は最後（p.152）に描いてもよい）

表1　部材の役割と断面の表現の違い

a. 構造材	太線 ⊠ 極細線	・構造上重要な役割を持つ部材 （土台、柱、梁、桁など）
b. 補助材	太線 ▱ 極細線	・床、壁などをつくるための部材 （根太、間柱など） ・窓を取り付けるための部材 （まぐさ、窓台など） 　　　　　　　　　　など

図2　基礎と土台の拡大図

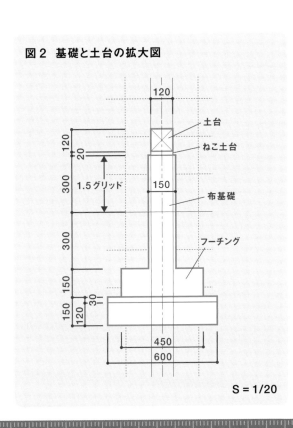

S = 1/20

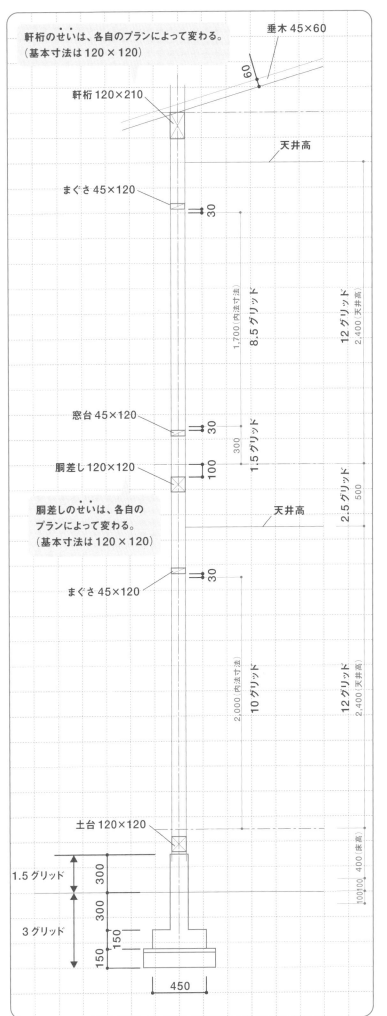

(1) Plan_A（本文）の矩計図

③建具

✎1 ... 図3を参考に、2階の建具を描く。

✎2 ... 図3、4を参考に、1階の建具を描く。
・断面の**太線**と断面でない**細線**の違いに注意
する。（以降も同じ）

図3　2階の建具の拡大図

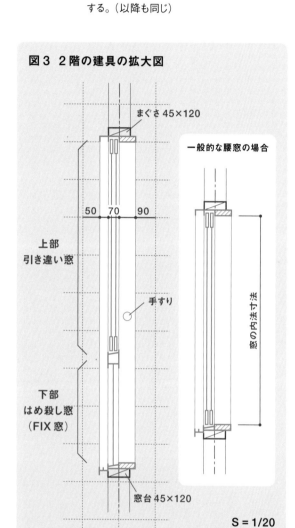

まぐさ 45×120

一般的な腰窓の場合

50　70　90

上部
引き違い窓

手すり

窓の内法寸法

下部
はめ殺し窓
（FIX窓）

窓台 45×120

S = 1/20

図4　1階の建具（下部のみ）の拡大図

建具の上部は、2階の建具と同じように描く。

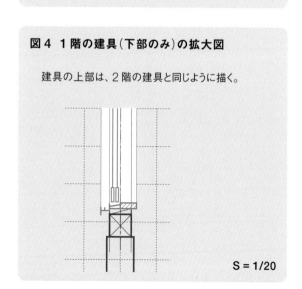

S = 1/20

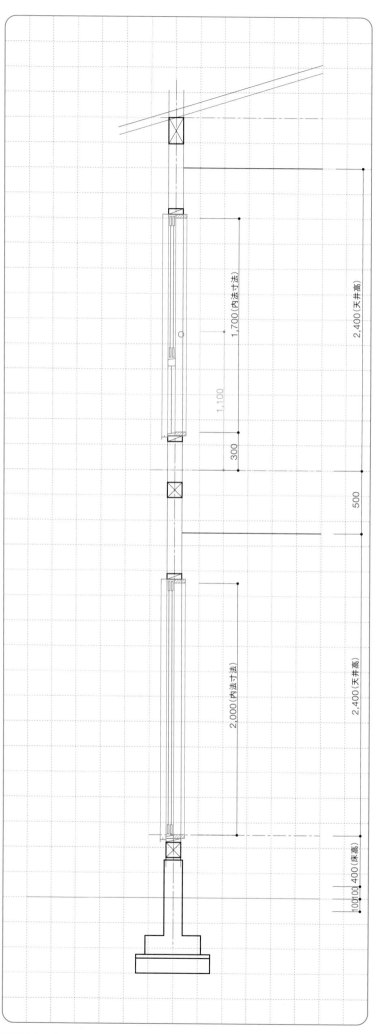

（1）Plan_A（本文）の矩計図

④ 屋根・外壁

✐ ... 図5を参考に、屋根と外壁を描く。

図5　屋根と外壁の拡大図

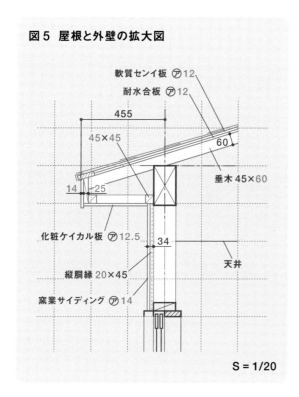

- 軟質センイ板 ㋐12
- 耐水合板 ㋐12
- 垂木 45×60
- 天井
- 化粧ケイカル板 ㋐12.5
- 縦胴縁 20×45
- 窯業サイディング ㋐14

455
45×45
60
14　25
34

S = 1/20

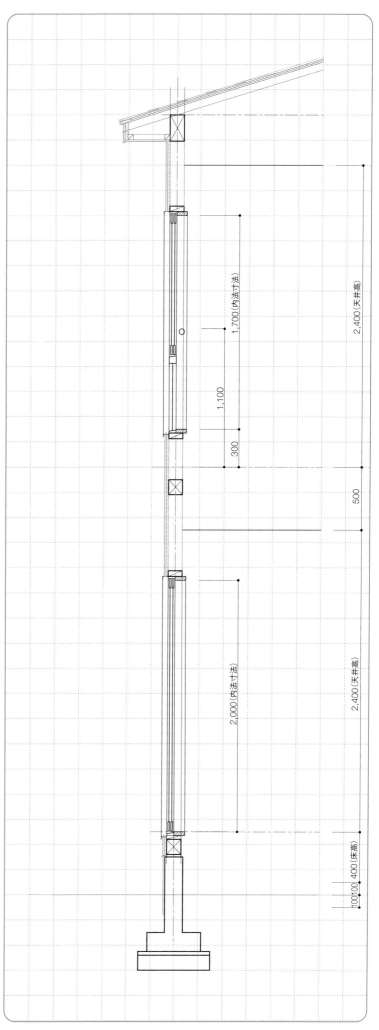

2,400（天井高）
1,700（内法寸高）
1,100
300
500
2,000（内法寸法）
2,400（天井高）
400（床高）
100 100

（1）Plan_A（本文）の矩計図

⑤ 小屋組

✏... 図6を参考に、小屋組と2階の天井を描く。

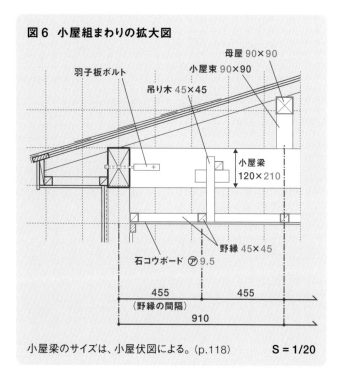

図6　小屋組まわりの拡大図

羽子板ボルト
母屋 90×90
小屋束 90×90
吊り木 45×45

小屋梁
120×210

野縁 45×45

石コウボード ⑦9.5

455　455
（野縁の間隔）
910

小屋梁のサイズは、小屋伏図による。(p.118)　**S = 1/20**

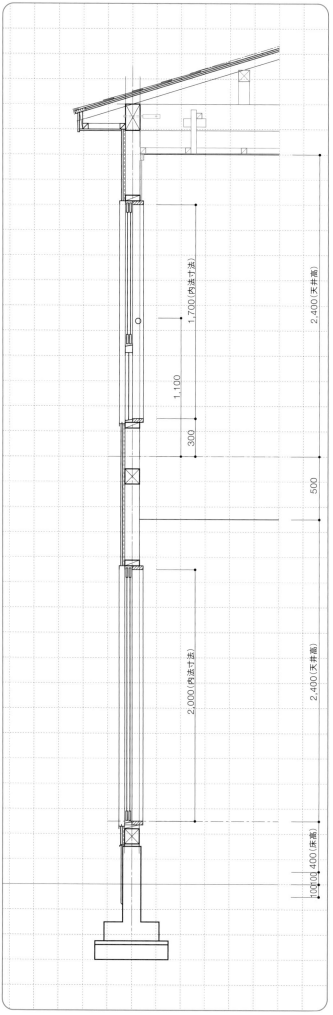

1,700（内法寸法）
1,100
300
2,400（天井高）
500
2,000（内法寸法）
2,400（天井高）
100 100 400（床高）

(1) Plan_A（本文）の矩計図

⑥1階床組・2階床組

✎1 ... 図7を参考に、2階床組と1階の天井を描く。

✎2 ... 図8を参考に、1階床組と1階の床下を描く。

図7　2階床組まわりの拡大図

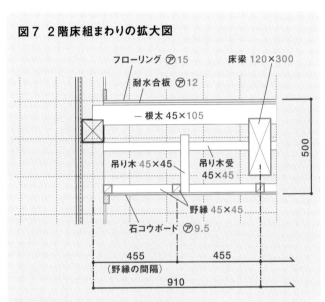

床梁の位置とサイズは、2階床伏図による。(p.102)　**S＝1/20**

図8　1階床組まわりの拡大図

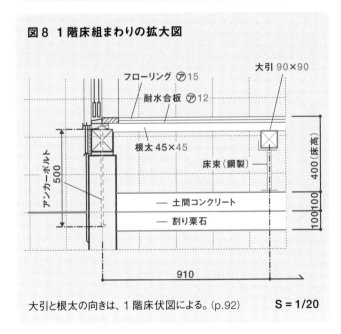

大引と根太の向きは、1階床伏図による。(p.92)　**S＝1/20**

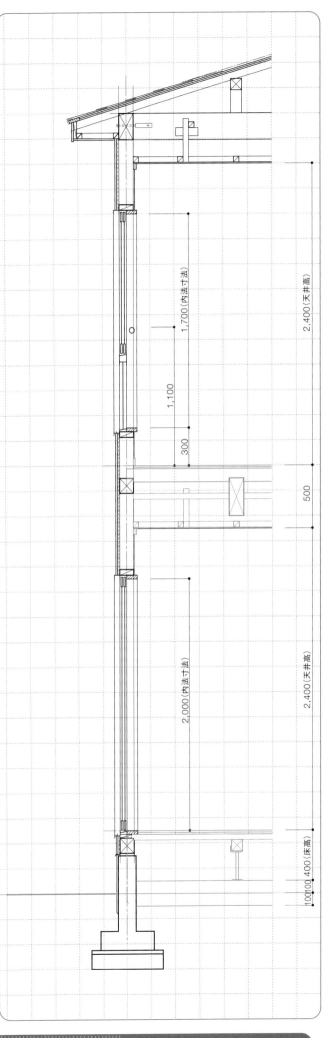

（1）Plan_A（本文）の矩計図

⑦ 断熱材・基礎や地盤などの記号・寸法線

✎1 ... 断熱材を**細線**で描く。

　　・すべての範囲に描くと、かえって図面が
　　　見にくくなるため、一部分だけに描く。

✎2 ... 図9を参考に、基礎や地盤などの
　　　記号を**極細線**で描く。

✎3 ... 寸法線を**細線**で描く。

・建物の高さ関係がわかる寸法線
・天井高がわかる寸法線
・窓や手すりなどの高さがわかる寸法線　　など

説明のため、すでに描かれている寸法線も
ありますが、この段階でまとめて描く方が効
率よく図面を描き進めることができます。

図9　基礎と地盤の拡大図

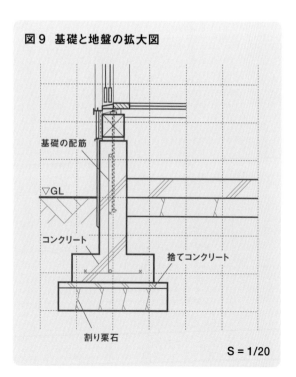

基礎の配筋

▽GL

コンクリート

捨てコンクリート

割り栗石

S = 1/20

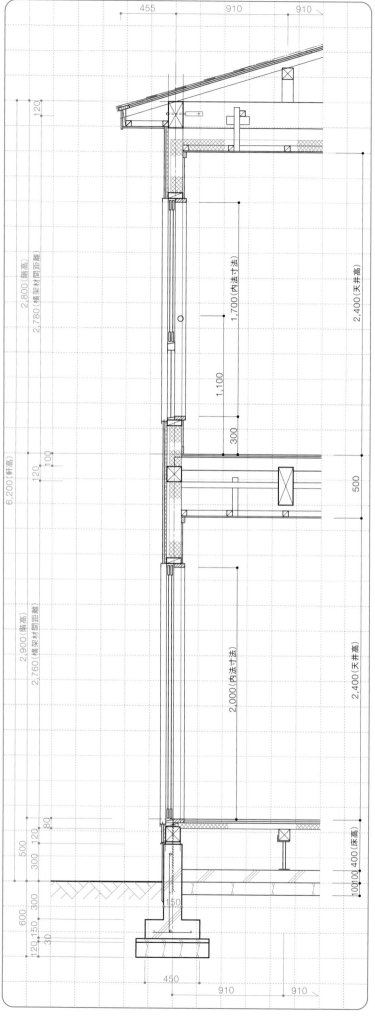

（1）Plan_A（本文）の矩計図

⑧ 引出線・文字－完成

✎1 ... 引出線を**細線**で描く。

引出線の描き方

a. 上から納まりの順に描く

b. それぞれ別々に描く

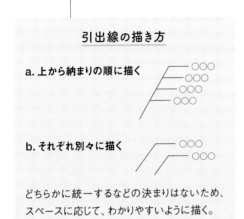

どちらかに統一するなどの決まりはないため、
スペースに応じて、わかりやすいように描く。

✎2 ... 文字を描く。

- 部材名、部材の大きさと間隔
- 仕上げ材、下地材の種類と厚さ
- 基礎の鉄筋の種類と記号
- 部屋名
- 屋根勾配　　　　　　　　　　など

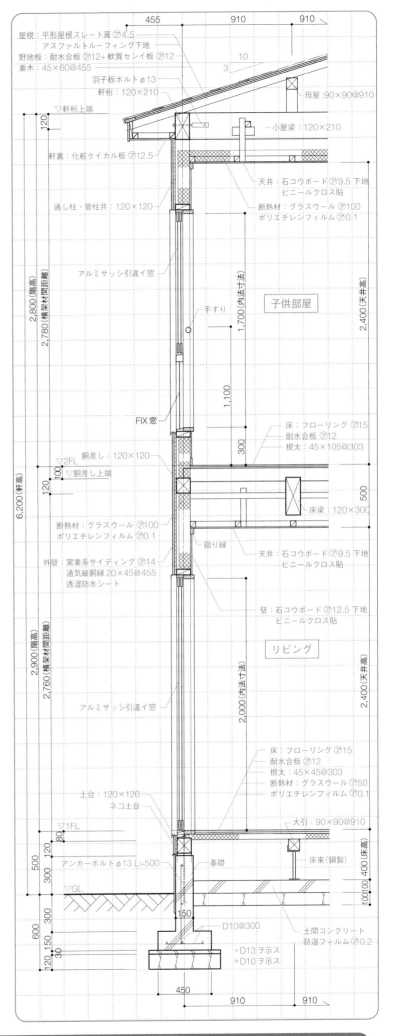

屋根：平形屋根スレート葺⑦4.5
アスファルトルーフィング下地
野地板：耐水合板⑦12＋軟質センイ板⑦12
垂木：45×60@455
羽子板ボルトφ13
軒桁：120×210
軒桁上端
母屋：90×90@910
小屋梁：120×210
軒裏：化粧ケイカル板⑦12.5
天井：石コウボード⑦9.5下地
ビニールクロス貼
通し柱・管柱共：120×120
断熱材：グラスウール⑦100
ポリエチレンフィルム⑦0.1
アルミサッシ引違イ窓
子供部屋
手すり
FIX窓
床：フローリング⑦15
耐水合板⑦12
根太：45×105@303
胴差し：120×120
胴差し上端
床梁：120×300
断熱材：グラスウール⑦100
ポリエチレンフィルム⑦0.1
廻り縁
天井：石コウボード⑦9.5下地
ビニールクロス貼
外壁：窯業系サイディング⑦14
通気縦胴縁20×45@455
透湿防水シート
壁：石コウボード⑦12.5下地
ビニールクロス貼
リビング
アルミサッシ引違イ窓
床：フローリング⑦15
耐水合板⑦12
根太：45×45@303
断熱材：グラスウール⑦50
ポリエチレンフィルム⑦0.1
土台：120×120
ネコ土台
大引：90×90@910
アンカーボルトφ13 L=500
基礎
床束（鋼製）
D10@300
土間コンクリート
防湿フィルム⑦0.2
・D13ヲ示ス
○D10ヲ示ス

（2）2級建築士製図試験の矩計図

2級建築士の製図試験では、次ページの矩計図が正解の一例とされています。
そこで、それに合わせるために、「Plan_A」を下のように変更します。

本文「Plan_A」からの変更箇所

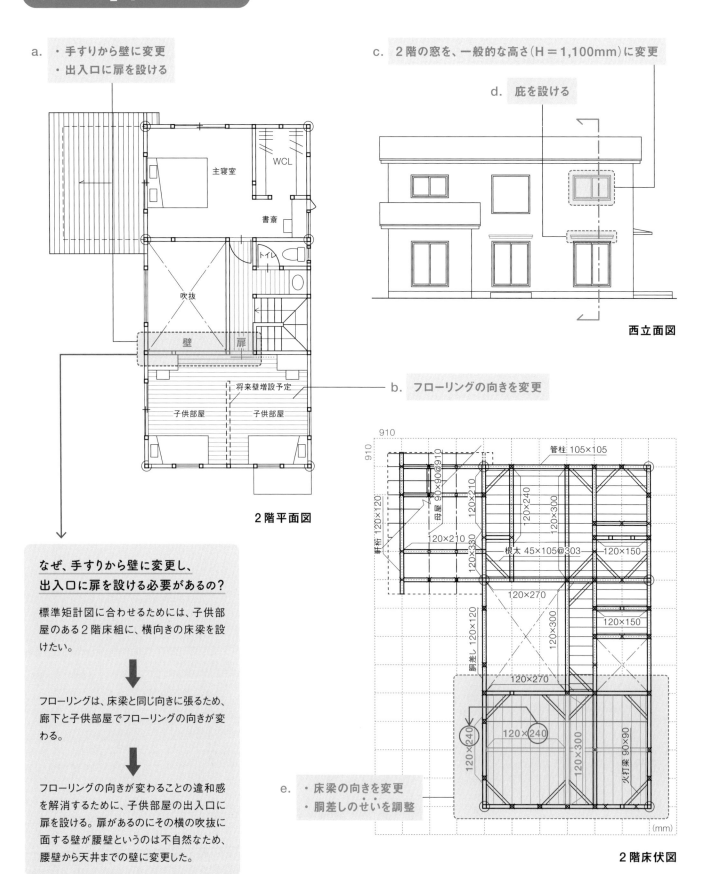

a. ・手すりから壁に変更
・出入口に扉を設ける

c. 2階の窓を、一般的な高さ（H＝1,100mm）に変更

d. 庇を設ける

主寝室

WCL

書斎

トイレ

吹抜

壁　扉

将来壁増設予定

子供部屋　　子供部屋

2階平面図

西立面図

b. フローリングの向きを変更

なぜ、手すりから壁に変更し、出入口に扉を設ける必要があるの？

標準矩計図に合わせるためには、子供部屋のある2階床組に、横向きの床梁を設けたい。

↓

フローリングは、床梁と同じ向きに張るため、廊下と子供部屋でフローリングの向きが変わる。

↓

フローリングの向きが変わることの違和感を解消するために、子供部屋の出入口に扉を設ける。扉があるのにその横の吹抜に面する壁が腰壁というのは不自然なため、腰壁から天井までの壁に変更した。

910

910

軒桁 120×120

小屋 90×90@910

120×210

管柱 105×105

120×240

120×300

120×150

120×210

120×330

根太 45×105@303

120×150

120×270

120×300

胴差し 120×120

120×270

120×300

120×150

120×240

120×240

120×300

火打梁 90×90

(mm)

e. ・床梁の向きを変更
・胴差しのせいを調整

2階床伏図

本書の「Plan_A」の矩計図と異なる部分を、
水色で表しています。

小屋組　軒桁、小屋梁の寸法は、各自のプランによる。

図1　庇の拡大図

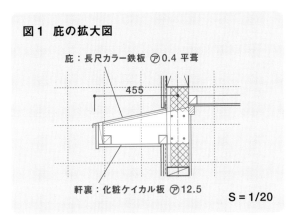

庇：長尺カラー鉄板 ⑦0.4 平葺

455

軒裏：化粧ケイカル板 ⑦12.5

S = 1/20

図2　2階床組の拡大図

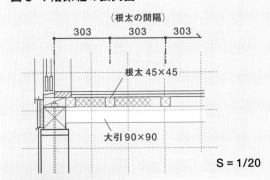

（根太の間隔）
303　303　303

根太 45×105
フローリング ⑦15
耐水合板 ⑦12

羽子板ボルト
床梁120×240
吊り木 45×45

胴差しと床梁の寸法は、各自のプランによる。　S = 1/20

図3　1階床組の拡大図

（根太の間隔）
303　303　303

根太 45×45
大引 90×90

S = 1/20

**順序に沿って
なぞってみよう！**

構造図 -7

矩計図
（2級建築士試験用）を
ダウンロード

1階の床組は、前ページ
で変更していませんが、プ
ランによっては上の納まり
になる場合があります。自
身のプランに合わせて描
きましょう。

S = 1/20 の図面を
ダウンロードできます！

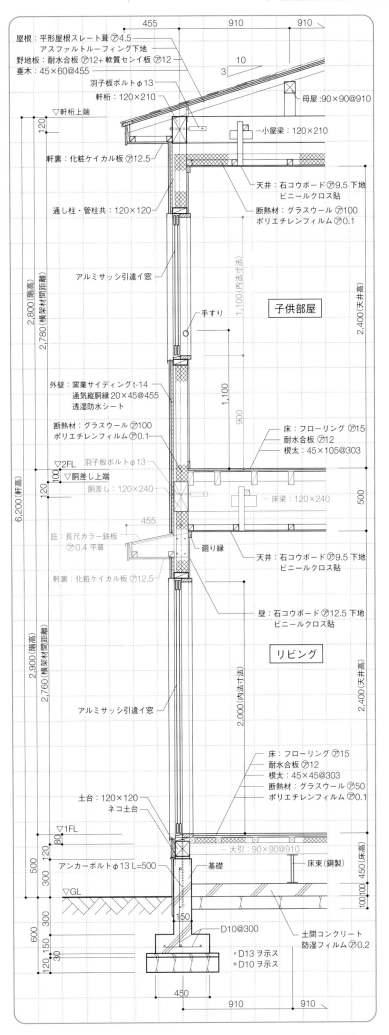

屋根：平形屋根スレート葺 ⑦4.5
　　　アスファルトルーフィング下地
野地板：耐水合板 ⑦12＋軟質センイ板 ⑦12
垂木：45×60@455

羽子板ボルトφ13
軒桁：120×210
母屋：90×90@910

▽軒桁上端

小屋梁：120×210

軒裏：化粧ケイカル板 ⑦12.5

天井：石コウボード ⑦9.5 下地
　　　ビニールクロス貼

通し柱・管柱共：120×120

断熱材：グラスウール ⑦100
　　　　ポリエチレンフィルム ⑦0.1

アルミサッシ引違イ窓

手すり

子供部屋

2,400（天井高）

2,800（階高）
2,780（横架材間距離）

1,100（内法寸法）

外壁：窯業サイディングt-14
　　　通気縦胴縁20×45@455
　　　透湿防水シート

断熱材：グラスウール ⑦100
　　　　ポリエチレンフィルム ⑦0.1

床：フローリング ⑦15
耐水合板 ⑦12
根太：45×105@303

▽2FL
▽胴差し上端
胴差し：120×240

床梁：120×240

6,200（軒高）

1,100

900

庇：長尺カラー鉄板
　⑦0.4 平葺

廻り縁

天井：石コウボード ⑦9.5 下地
　　　ビニールクロス貼

軒裏：化粧ケイカル板 ⑦12.5

455

500

壁：石コウボード ⑦12.5 下地
　　ビニールクロス貼

アルミサッシ引違イ窓

リビング

2,900（階高）
2,760（横架材間距離）

2,000（内法寸法）

2,400（天井高）

床：フローリング ⑦15
耐水合板 ⑦12
根太：45×45@303
断熱材：グラスウール ⑦50
ポリエチレンフィルム ⑦0.1

土台：120×120
ネコ土台

▽1FL

アンカーボルトφ13 L=500

基礎

大引：90×90@910

床束（鋼製）

▽GL

500
300

80
120

D10@300

土間コンクリート
防湿フィルム ⑦0.2

600

150

450（床高）
100 100

×D13 ヲ示ス
○D10 ヲ示ス

120 150
30

450

910　910

附 RC造の図面を描いてみよう！

RC造の図面にも挑戦してみましょう。
本書では、3階建て店舗兼併用住宅のプランを紹介します。

コンセプト

・1、2階はカフェ、3階は住宅の都市型店舗併用住宅。

・カフェエリアに大きな吹抜と1階と2階に屋外席を設けることで、気分に合わせて席を選ぶことができる。

・2階のテーブルは、目的に合わせて自由に配置できるため、ギャラリー、ミニコンサート、ワークショップなどフレキシブルに空間を使うことができる。

・3階のバルコニーと2階の屋外カフェを吹抜でつなぐことにより、自宅にいながら外食気分を楽しむことができる。

（図面提供：アートオブライフ一級建築士事務所 工藤健治）

RC造の柱の間隔と大きさ

RC造は、木造と異なり柱や梁が大きく、室内に現れます。
柱や梁の出に注意しながら、また、それらの出を利用したプランが求められます。

一般的な柱の間隔と大きさ（RC造3階建ての場合）

・柱の間隔 ：5〜7m程度
・柱の大きさ：600×600mm程度

柱の納まりの違いを見てみましょう！

a. 外壁の内側に柱を収める

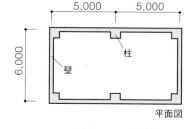

b. 壁の中心線に沿って柱を配置する

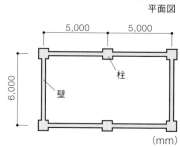

2級建築士試験ではこちらで描くことが多いようです。

（mm）

1. 平面図

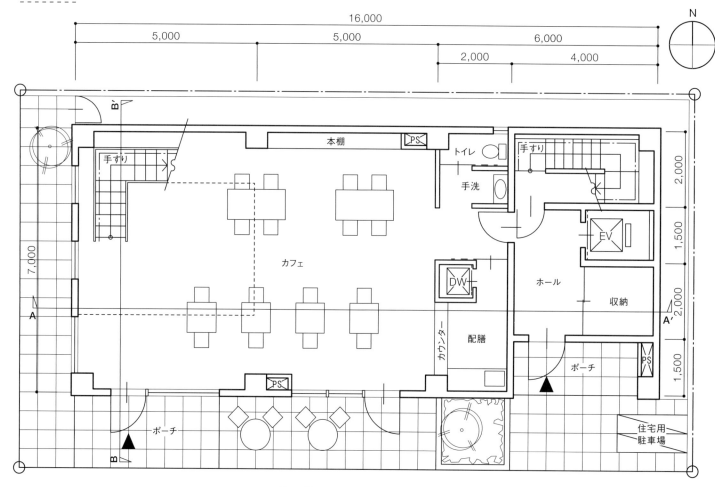

配置図兼1階平面図　S＝1/100

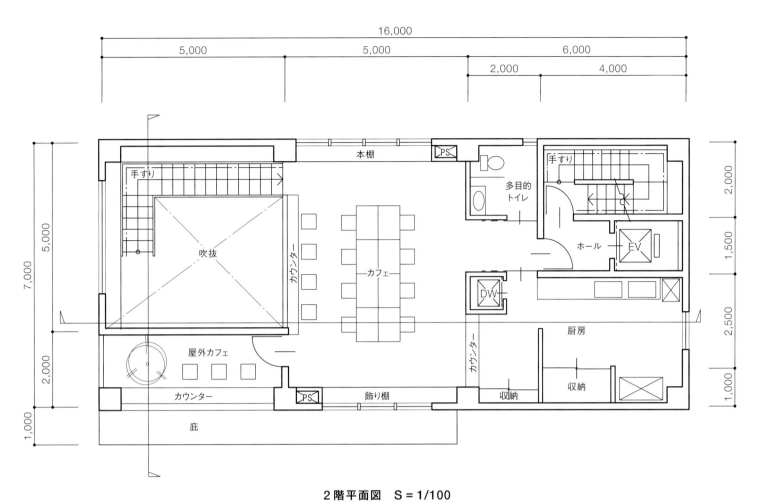

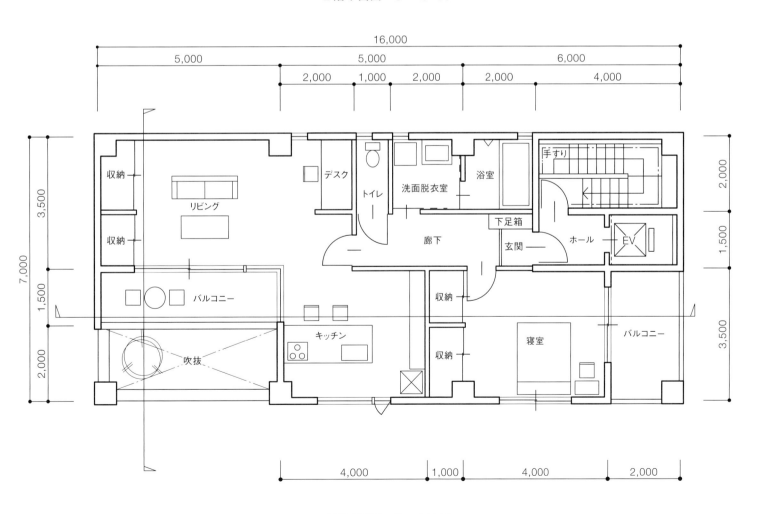

2階平面図　S = 1/100

3階平面図　S = 1/100

2. 立面図

南立面図　S = 1/100

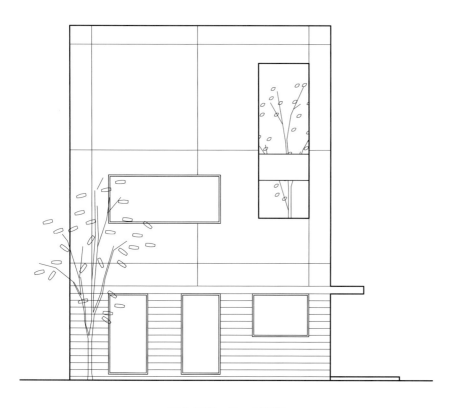

東立面図　S = 1/100

RC 造の図面も
ダウンロードできる！

本書に掲載している図面以外にも、
右の図面をダウンロードできます。

▼ダウンロードできる RC 造の図面
（矩計図以外はすべて A4 サイズ）

付録-1　配置図兼 1 階平面図
付録-2　2 階平面図
付録-3　3 階平面図
付録-4　南立面図
付録-5　東立面図
付録-6　北立面図
付録-7　西立面図
付録-8　A-A' 立面図
付録-9　B-B' 立面図
付録-10　矩計図（A3 サイズ）

3. 断面図

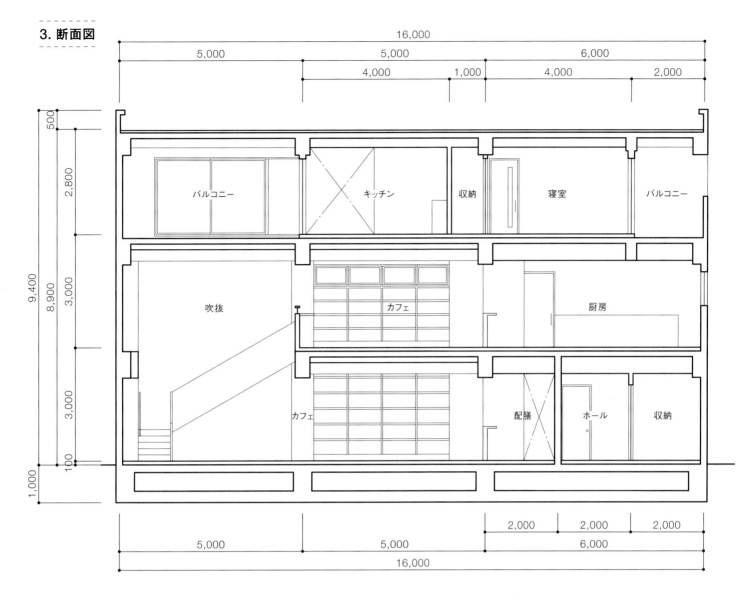

A-A'断面図　S = 1/100

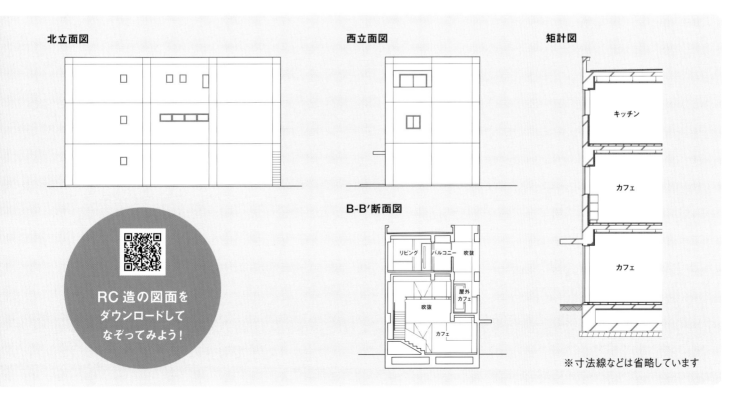

北立面図

西立面図

矩計図

B-B'断面図

RC造の図面を
ダウンロードして
なぞってみよう！

※寸法線などは省略しています

謝 辞

本書は多くの方からご指導をいただき、完成することができました。みなさまには深く感謝申し上げます。

また、RC造の図面は、アートオブライフ一級建築士事務所の工藤健治様に提供していただきました。深くお礼申し上げます。

出版に関しても、多くのご意見をいただきました学芸出版社の岩切江津子様、森國洋行様、そして、本書のデザインを担当くださった美馬智様には深くお礼申し上げます。

2021年10月
著者

著 者 略 歴

今村仁美（いまむら さとみ）

1969年生まれ。修成建設専門学校卒業。二級建築士。1995年アトリエイマージュ設立、主宰。1997〜2000年修成建設専門学校非常勤講師、1999年関西デザイン造形専門学校非常勤講師、2000〜2008年湖東カレッジ情報建築専門学校非常勤講師を歴任。著書に『住まいの建築計画』（共著、2021年）、『改訂版 図説 やさしい建築法規』（共著、2019年）、『図説 やさしい建築数学』（共著、2011年）、『図説 やさしい建築一般構造』（共著、2009年）、『図説 やさしい建築環境』（共著、2009年）、『図と模型でわかる木構造』（辻原仁美著、2001年）。

〈参考文献〉

◆ 松本正富編著／政木哲也・半海宏一・鯵坂誠之著『建築デザイン製図』学芸出版社、2018年
◆ 日建学院教材研究会編著『令和3年度版 2級建築士 設計製図試験課題対策集』建築資料研究社、2021年
◆ 総合資格学院編『令和3年度版 2級建築士試験 設計製図テキスト』総合資格、2021年
◆ 辻原仁美著『図と模型でわかる木構造』学芸出版社、2001年

住まいの建築設計製図

2021年12月1日　第1版第1刷発行

著　　者 …… 今村仁美

発 行 者 …… 前田裕資
発 行 所 …… 株式会社 学芸出版社
　　　　　　京都市下京区木津屋橋通西洞院東入
　　　　　　電話 075-343-0811　〒600-8216
　　　　　　http://www.gakugei-pub.jp/
　　　　　　info@gakugei-pub.jp
編集担当 …… 岩切江津子・森國洋行

装丁・DTP …… 美馬智
印刷・製本 …… モリモト印刷

© Satomi Imamura 2021　　　　　　　　Printed in Japan
ISBN 978-4-7615-3276-5